武道論

これからの心身の構え

内田 樹
Tatsuru Uchida

河出書房新社

はじめに

みなさん、こんにちは。内田樹です。

本書は「武道論」です。これまで武道については何冊か書籍を著してきました。単著には『修業論』（光文社新書）と『武道的思考』（筑摩選書）の二冊がありますので、これが三冊目になります。

僕は二五歳のときに多田宏先生（合気会師範・イタリア合気会最高師範・合気道九段）の道場に入門して合気道の稽古を始めました。もともと病弱で、身体能力にも恵まれない人間でしたけれど、師と先輩に恵まれたおかげで、鈍根に鞭打ち、倦《う》まず弛《たゆ》まず稽古を続けて、気がつけば齢《よわい》古稀に至っておりました。四〇歳のときから自分でも門人をとって教えるようになり、六〇歳のときに自分の道場である凱風館を建てました。二階が自宅で一階が道場ですので、いつでも好きなときに好きなだけ稽古ができます。さすがに年齢相応に身体のあちこちが傷んできましたけれど、それでも足腰が立つうちはあと十年くらいは道場に立ちたいと思っています。顧みて、武道家としてはとても恵まれた人生だったと思います。

僕は武道の修業を、師にお教え頂いた通り、「生きる知恵と力を高める」ための行として行っています。多田先生は「学者には学者の合気道がある。芸術家には芸術家の合気道がある」と教えてくださいました。それぞれの専門の領域ですぐれた仕事を果たすために武道修業をするという考え方は競技武道を稽古されている方や格闘技・護身術として稽古されている方の中には違和感を覚える方もおられるかと思います。でも、効果的な殺傷技術の習得ということは現代社会ではごく限られた職業の人にしか求められていません。僕は道場では具体的に投げたり、倒したり、関節を極《き》めたりという技術を教えているわけですけれども、それはそのような技術を活用して欲しいからではありません。「そういう技を一生に一度も使わずに済むように」技を教えている。そこに武道の逆説があると僕は考えています。

武道の修業を通じて私たちが学んでいるのは、人間の心身がどのように構造化されていて、どのように動いているのかという、「科学的」な知見です。それを踏まえて、自分の身体が蔵している潜在的な可能性を最大化する道筋を探す。人間の身体は「ミクロコスモス」です。無限の深みと広がりがあります。だから、自分の身体が蔵している可能性を掘り起こす作業に終わりはありません。多くの修業者はそれぞれの限定的な経験知を会得した時点で修業の生涯を終えることになります。でも、それでいいと思います。その過程で身につけた一人ひとりの「生きるための知恵と力」は日々の生活のうちでそれなりの「よきこと」をもたらしてくれたはずだからです。それは仕事の成果というかたちをとることもあるでしょうし、周囲の人たちとのこまやかな交流というかたちをとることもあるでしょうし、危機的状況を生き延びるというかたちをとることもあるでしょう。武道修業がどういう果実をもたらすことになるのかは、一人ひとりが違いますし、違って当然だと思います。それが多田先生の教えられた「現代に活きる武道」ということだと僕は理解しています。死活的危機を生き延びるために必要な人間的能力と、僕たちが日々の生業や家庭生活を実り豊かなものにするために必要とする人間的能力とは本質的には同じもののはずだからです。

もちろん「それは違う」と言う方もいると思います。それに反論する気はありません。僕は一般的真理ではなく、あくまで自分が「信じている」ことを語っているに過ぎませんから。でも、どうしてそう信じるに至ったかについては、本書本文を読まれればその理路はご理解頂けると思います。

この本に収録された論考はメディアに寄稿したもの、講演録、ブログ記事などさまざまです。それを編集者の西垣成雄さんが選んで配列してくれました。ご苦労に感謝申し上げます。

ずいぶん古いものも含まれていますので、「いつの話だかわからない」ということもあるかもしれませんので、記事の末尾に初出時を記しました。ただし、採録に当たり、読みやすさを配慮して、文体や表記を統一しましたし、原文に大幅に手を加えましたので、初出のかたちをとどめているものはほとんどありません。書誌情報がないものは書き下ろしです。

では、どうぞ最後までお読みください。また「あとがき」でお会いしましょう。

目次

第二部　現在の構えについて

第三部　かつての武道的なものと未来の可能性

武道論

これからの心身の構え

第一部

武道的身体と場

道場とはいかなる場か

二〇一一年三月末を以て二一年勤めた神戸女学院大学を早期定年退職する。四月からは天下の素浪人、一介の武道家兼物書きとなる。

同年二月に着工した道場・稽古場・自宅が一〇月に竣工する。一年三六五日使える自前のイベントスペースができるわけである。

いろいろなことができる。武道の稽古ができるだけではない。能舞台として使えるように設計したので、能だけでなく、演劇でも、音楽でも、さまざまなジャンルの芸能が上演できる。大学院でやっているゼミを継続することもできる。畳に座り机を並べて、寺子屋みたいに輪読する。

想像するだけでわくわくしてくる。

これまでは「家を作る」ということにはほとんど興味がなかった。

子どもの頃はよく方眼紙に家の設計図を書いて、「夢のような家」を想像していた。でも、あるときからそれもぷつりと止めた。地価が高騰し、不動産が投機的に売り買いされるようになったときに、ぬぐい去るように家についての興味が失せたのである。もう一生涯、賃貸住宅を移り暮らすのでいいや、と思った。土地を買ったり、家を建てるためにあくせく働くなんてまっぴらだと思った。

　土地はもともと誰のものでもない。海や山や川や湖や沼や森が誰のものでもないように、誰かが私有することのできるものではない。

　世の中には、私有してよいものと、してはならないものがある。何度も書いてきたことだけれど、私有してはならないものを「社会的共通資本」と呼ぶ。

> 「社会的共通資本は私的資本と異なって、個々の経済主体によって私的な観点から管理、運営されるものではなく、社会全体にとって共通の資産として、社会的に管理、運営されるようなものを一般的に総称する。社会的共通資本の所有形態はたとえ、私有ないしは私的管理が認められていたとしても、社会全体にとって共通の財産として、社会的な基準にしたがって管理、運営されるものである。」（宇沢弘文、『社会的共通資本』、岩波新書、二〇〇〇年、二一頁）

　社会的共通資本には土地、大気、土壌、水、森林、河川、海洋などの自然環境、道路、上下水道、公共交通機関、電力、通信などの社会的インフラストラクチャー、教育、医療、金融、司法、行政などの制度資本が含まれる。

　これらのものは「それぞれの分野における職業的専門家によって、専門的知見にもとづき、職業的規律にしたがって管理、運営されるものであるということである。社会的共通資本の管理、運営は決して、政府によって規定された基準ないしはルール、あるいは市場的基準にしたがっておこなわれるものではない。（……）社会的共通資本の管理、運営は、フィデュシアリー（fiduciary）の原則にもとづいて、信託されているからである。」（同書、二二三頁）

fiduciaryというのは聞き慣れない言葉だが、法律用語で「他者に属する資産を管理する立場にある受託者、被信託者」を意味する。「ほんらい他者に属する資産を、たまたま専門的知見があるために、受託されて管理する」能力、そのようなものを社会的共通資本は要求する。

書くと簡単だけれど、これは市民的成熟ぬきには成り立たないものである。

宇沢先生が「受託者」という言葉に託したニュアンスは、先日来私が贈与を論じた中で「被贈与者」という言葉で言おうとしてきたこととそれほど違うものではないと思う。

天賦の才能は、才能ある人がいわば「受託された希少資産」である。それゆえ、その管理運営は「イデオロギー」にも「自己利益の追求」にも基づいてはならない。共同体全体の利益のために、「専門的知見にもとづき、職業的規律にしたがって」管理運営されねばならない。

私は社会的共通資本のリストに「才能」というものを書き加えたいと思ったのである。

それに同意してくれる人たちもいるだろうし、同意してくれない人たちもいるだろう。

別に全員が同意してくれなくても、構わない。「才能の専門家」たちのいくたりかが「そうだよな」と頷いてくれれば、私はそれでいい。

村上春樹の『走ることについて語るときに僕の語ること』や『夢を見るために毎朝僕は目覚めるのです』は「書く」ことの専門家がその「専門的知見」と「職業的規律」について書いたものである（少なくとも私にはそう読めた）。それは村上さんが「自分はある種の才能の受託者だ」というふうに感じていることを表している。

例えば、次のような文章にはその「受託者の自覚」が記されているように私には思われる。

「僕は決して選ばれた人間でもないし、また特別な天才でもありません。ごらんのように普通の人間です。ただある種のドアを開けることができ、その中に入って、暗闇の中に身を置いて、また帰ってこられるという特殊な技術がたまたま具わっていたということだと思います。」（村上春樹、『夢を見るために毎朝僕は目覚めるのです』、文藝春秋、二〇一〇年、八九頁）

その「特殊な技術」は大上段にふりかぶった文学理論や勘定高いビジネスマインドによって管理されるべきではない。その技術の使い方について、長期にわたって集中的に考えてきた「専門家」に受託されなければならない。村上さんはたぶんそう考えているのだと思う。村上さんが批評家たちの言葉に耳を貸さないのは、彼らが「ある種のドアを開けることの専門家」ではないと思っているからだろう。

土地の話をしているところだった。

土地は宇沢先生が社会的共通資本のリストの第一に挙げているものである。それは政策的に管理されるものでもなく、市場に委ねられるべきものでもない。では、誰が土地管理の「専門家」なのであろう。

とりあえず土地の管理は「市民」に委ねられるべきではないかと私は思う。

市民というのは、共同体成員として共同体の統合原理や制度設計についての「知識を持ち」、かつ実際にその共同体に生身を置いて暮らしている者のことである。「共同体はどうあるべきか」という理念のレベルと、「明日の米びつ」という生活実感のレベルの両方に、同時に属しているもののことである。

「社会はこうあるべきだ」という議論をするときに、「でも、それは私の手持ちの時間と余力で達成できることなのだろうか？」という問いがつねに切迫してくる。どれほど政治的に正しくても、「じゃあ、それあなたがまずやりなさいよ。ここがロドスだ、ここで跳べ」と詰め寄られたときに二の足を踏むようなことは目標に掲げるべきではない。

生身の自分が引き受けることのできないことを、他人に向かって「やるべきだ」と言うのはことの筋目が通らない。「社会はこうあるべきだ」と言うときは、その目標に向かう最初の一歩を自分がいまここで踏み出すことができるかどうかをまず自問した方がいい。そう考えるとなかなか軽々に「社会はこうあるべきだ」ということが言い出せなくなる。

私はそれでいいと思う。

ある程度夢見がちなことも言うけれど、生計の心配を忘れるわけにはゆかないという「どっちつかず」こそが市民の手柄であり、いうなれば市民の専門性だからである。

土地の管理運営は、とりあえずはそのような、すぐれて「どっちつかず」の市民に委ねられるべきではないかと私は思う。

土地はそもそも社会的共通資本であり私有になじまないという浮世離れした「理念」を受け容れつつも、生活者として、その土地の上で現にやりたいこと、やらねばならぬことがあるという「たずきの道」の要請にも併せて配慮せねばならぬという「どっちつかず」が現代社会における土地私有のとりあえずの条件ではないか。

ややこしい話で済まないけれど、私はそういうふうに考えている。

バブルの頃、土地は「貨幣」の代用品として売り買いされた。誰も住まないマンションが株券のように取引され、ビルが建ち、誰も住まないうちに取り壊されて、またビルが建った。貨幣の代用物として土地を売り買いするとそういうことになる。

だから自分の家を持つことについての興味をそのときに失った。それが土地を買って家を建てる気になったのは、土地を買う金がたまったからではない。「社会的共通資本としての土地の管理運営」ということの見通しが私なりに立ったからである。土地を私物化・退蔵せず、開放的、公共的なかたちで用いる方途について、ひとつのアイディアが浮かんだからである。

「贈与されたものを私物化・退蔵しないで、必ず適切な受け取り手にパスするはずだ」という信頼が「受託者」fiduciary という立場を基礎づける。

受託者たりうること。それを市民的成熟の要件として私たちは自らに課すべきではないか。

（二〇一一年一月一日）

道場への敬意

神戸市住吉に凱風館という道場を開いた。一階が道場で、二階が自宅である。

それまでは市の体育館や大学の道場を使って稽古していたが、一年三六五日二四時間いつでも稽古に使える場所がどうしても欲しくなったので自作したのである。

主に合気道の稽古に使っているが、能楽や音楽会など他の用途にも使っている。

公共施設は使用に制約が多い。開館時間も短いし、休みも多いし、複数の団体とバッティングして取れないこともある。個人の道場であれば、私が「いいよ」と言えば、早朝から夜遅くまで、休日でも盆や正月でも、使おうと思えばいつでも使える。

私物の方が公共物よりも公共性が高いということがあり得る。だから、私財を投じて公共的な空間を作ることにしたのである。

凱風館は「貸しホール」ではない。凱風館を使うためには条件がある。条件はひとつだけ。それは場に敬意を示すということである。

この道場は、ここで稽古しているみんなが、それぞれ手持ちのものを差し出してできた公共の場である。だから、利用するときはそれに対して敬意を払ってもらいたい。

別に難しいことではない。ただ道場に入るときに、一礼するというだけのことである。でも、それが絶対に必要である。場に対する敬意が絶対に必要である。

私は稽古の前に門人たちと対面して「お願いします」と一礼し、稽古が終わったときには「ありがとうございました」と一礼する。あれは実は門人たちに向かって言っているのではない。場に対してしているのである。始まる前には「これからよい稽古ができますように。誰も怪我などしませんように」と道場にお願いし、終わった後は「よい稽古ができました。ありがとうございます」と道場にお礼を申し上げている。

野球では試合開始のときにピッチャーが帽子をとってホームベースに向かって一礼するが、あれと同じである。ピッチャーは別にアンパイヤに向かって「審判よろしくお願いします」とお辞儀をしているのではない。フィールドとボールに向かって「これからしばらくの時間、僕たちが最高のボールゲームができますように」と祈願しているのである。

公共を立ち上げるためには、敬意が必要である。ただ私財を投じ、私権を委譲しただけでは「コモン」を立ち上げるには足りない。

「場に対する敬意」なしには公共は成立しない。

（二〇一九年一〇月一九日）

鎮まった場

「家の中に道場がある」というのは「道場が空間的に近い」というのとは別のことだということに道場を建てて一〇年ほど経ってから気づいた。

朝起きて、道場の扉を開くと、「鎮まった場」がそこにある。「鎮まった」というのは「ノイズがない」ということである。物理的なノイズに限らず、心を乱すようなノイズがない。そこだけ他と違う。

武道というのは「超越的なもの」を受け入れて、心身を調《ととの》えて、それを発動させる術である。道場もそのためにはどこかしら「浮世離れ」した場でなければならない。

だから、道場を作るときには神棚を勧請《かんじょう》し、合気道開祖植芝盛平《うえしばもりへい》先生の写真を正面に飾り、二代道主吉祥丸《きっしょうまる》先生が揮毫《きごう》された「合気」の扁額と、私の師匠である多田宏先生の「風雲自在」の書を道場に掲げた。

そういうことをすると、「場が調う」というのがどういう感じなのかがわかる。

道場ができてしばらくは朝起きて道場に行って、神棚に一礼するだけだったが、なんとなくもっと儀礼的なことがしたくなって、「お勤め」をするようになった。

きっかけは羽黒山の山伏の宿坊に泊めてもらったときである。朝のお勤めを宿泊者みんなでする。修験道は神仏習合なので、祝詞《のりと》と般若心経を唱える。この「神仏習合」の儀礼がすとんと腑に落ちた。なるほど、これが日本人本来の宗教性なのかと納得がいった。それで、家に戻ってから、祝詞と般若心経を道場で唱える「お勤め」を始めた。祝詞のときは拍子木を打ち、お経のときは錫杖《しゃくじょう》を振る。拍子木の打ち方は禊祓《みそぎはら》いの先輩に教わった。錫杖の振り方は滝行の先達に教わった。

朝稽古のある日は五時半に道場に降りる。冬だとまだ空には星が出ている。道場に端座して、ひとり朗朗と祝詞と般若心経を唱えると、なんだか今日やらなければいけない仕事の半分くらいを終えた気になる。

（二〇二〇年二月二七日）

小説家と武道家

『走ることについて語るときに僕の語ること』はアスリート村上春樹によるランニング論である。走り方、筋肉の作り方、シューズの選び方、ランニングのときに聴く音楽の選択、走るときの心の持ち方……そういう純粋に技術的なことだけが書かれているが、私はこの本をきわめて正直に書かれた「小説論」として読んだ。

小説を書くために必要な「力」とランニングのために必要な「力」は本質的なところで同じものだと村上春樹自身は考えている。これは私の武道家としての確信に通じる。

私が経験的に言えるのは、身体的なパフォーマンスを高めるというのは局所的に筋肉を強めたり、心肺機能を上げたり、あるいは「闘争心」を掻き立てるというような操作には限定されないということである。そうではなくて、心身のパフォーマンスが爆発的に開花するというのは、外部にある強大な力、誤解を恐れずに言えば、超越的な力が正しく調えられた身体を経由して発動するということである。人間の身体はそのときある種の超越的な力の通路になる。

人間が発揮することのできる最も大きな力は人間の中に起源を持たない。

自分の外部にある力が、自分の身体を通り抜けるとき、人間は「人間を超えた力」を実現する。人間を超える力の淵源は人間の外部にある。だから、「それ」を迎え入れ、制御し、発動させるための技術知は、あらゆる文明、あらゆる社会集団に伝えられている。武道はまさにそのような技術知の体系の一つである。

村上春樹はおそらく同じような技術知をランニングによって習得したのだと思う。私はそう読んだ。すぐれたランナーはすぐれた作家と構造的にはほとんど同じことをしている。彼はそう直感した。つまり、自らをある種の「良導体」に仕上げることである。そのとき、外部の強大な力が自分の身体を通り抜けて発動する。

古来ものを書く人たちは、自分たちの創作の淵源は自分たちの外部にあるということを知っていた。だから、自分たちの言葉を生み出す力のことを「インスピレーション」とか「霊感」とか「ダイモニオン」とか「ミューズ」と呼んだ。その消息は武道とほとんど変わらないと私は思う。

（二〇一六年二月五日）

武道家は懐疑しない

武道家は懐疑的であってはならない。

そんな命題が成立するのかどうかわからないが、なんとなくそんな気がする。

何を見ても、何を聴いても、疑いのまなざしを向けて、「そんなこと、人間にできるはずがないじゃないか」というふうに人間の可能性を低めに査定する人間はたぶん武道に向いていないと思う。

「武道に向いていない人」は人間の身体能力を計測したがる。筋肉の力とか、動きの速度とか、関節の曲がる角度とか、とにかく数値的に表示できる可算的なものを「身体能力」というふうに見立てて、それを選択的に開発しようとする。

しかし、そういう訓練法はあまり意味がないような気がする。

というのは、実際に稽古をしているときに私たちが動員している身体資源はほとんど無限であり、その中で数値的に表示できるものはほんとうにごくわずかだからである。

目付けはどこに置くのか、体重をどこに載せるか、体軸をどう立てるか、手足をどう捌くか、皮膚の感度をどれくらいに設定するか……などなど、一つの動きだけで関与している身体部位や身体機能は数え切れない。もちろんそのすべてを中枢的に統御することなどできるはずがない。ほとんどの身体部位は自律的に動いている。そういう無数の動きの複合的な効果として「技」が成立している。複数のファクターが関与し、輻輳《ふくそう》し、重畳《ちょうじょう》して成り立っている動きについて、そのどれかのファクターを単離して、数値として示しても、それにはほとんど何の意味もない。その「技」が成立するのに、最も関与しているのが上腕二頭筋の径の大きさなのか、心肺機能なのか、シナプスの通電速度なのか……そんなことは誰にもわからない。だから、ある身体部位の、ある働きだけを選択的に強化するというようなことはしても意味がないし、そもそもできない。

武道の稽古においてあらかじめ計画を立てて、「こういう能力を選択的に開発しよう」ということはできない。そもそも「どのような能力」が自分の中に潜在していて、それが武道的に有用であるのかは事前にはわからないからである。

あることができるようになった後になって、「なんと、こんなことができるようになった」と本人もびっくりする。そういうものである。そんな身体部位があることを知らなかった身体部位を動かし、そんな運動があると知らなかった運動をしている自分を発見する、というのが稽古の成果である。稽古を始める前に「工程表」のようなものを作成して、それを段階的にこなしてゆくというものではない。自分が何をできるようになりたくて稽古しているのか自分自身も知らないのだから、「工程表」なんか作りようがない。

それでも、このどこをめざしているかわからない五里霧中の稽古においても、進むべき方向を示してくれるものがある。それが「名人達人についてのお話」である。

「昔、こういうことができる人がいたらしい」という超人たちについてのエピソードが稽古においては最も信頼のおける指針になる。千里眼でも、空中浮揚でも、なんでもいい。「こんなこと」ができた人がいたという話をとりあえず信じる。そして、そのような能力の「かけら」でも、もしかすると自分の中には潜在的にひそんでいるのかもしれない、修業を積んでいるうちに、思いがけなくそういう能力が部分的にではあれ発現するかもしれない……というふうにオープンマインドに構える。とりあえず私はそうしている。

どんな異能であっても「そういうことができる人がいた」という話はとりあえず黙って受け入れる。「そういうことって、あるかもしれない」と思う。そして、どういう修業をして、どういう種類の能力が発達すると「そういうこと」ができるようになるのか、その具体的なプロセスについて考えてみる。私はそうしている。

それによって失われるものは別にないからである。自分の中にひそむ潜在可能性を信じて稽古しようと、信じないで稽古しようと、日々の稽古に割く時間と手間に変わりはない。どうせ同じ時間稽古するなら、「そういう不思議なことができる人間がいた」と信じて稽古した方が楽しい。

「とりあえず何でも信じる」修業者と「そんなこと、人間にできるはずがない。そういうのは全部作り話だ」と切って捨てる「科学主義的」な修業者では、稽古を一〇年二〇年続けた場合に、到達できるレベルがずいぶん変わると思う。

だから、人間の潜在可能性についてのこの楽観性と開放性は武道家にとってかなりたいせつな資質ではないかと私は思っている。

（『善く死ぬための身体論』成瀬雅春氏との共著「まえがき」、二〇一九年四月）

『燃えよドラゴン』とピカソの山羊

一九七三年にブルース・リーの『燃えよドラゴン』が日本公開されたとき、私は封切りとほとんど同時に、ガールフレンドと兄を誘って渋谷の東急文化会館まで観に行った。期待通りの大傑作で、観終わった後私は興奮と感動に震えていたが、振り返ると同行した二人は映画から何の感動も得られなかったらしく、つまらない映画に誘われて時間を無駄にしたと不満をこぼしていた。

そうか、そんなにつまらない映画だったのか、私ひとりが興奮していただけだったか……といささか気落ちして渋谷駅に着いた。乗車券を買って東横線のホームに立つと、ホームのあちこちで中高生とおぼしき少年たちが「アチョー」と怪鳥音を上げながら、ハイキックや旋風脚を披露していた。もう身体が動いて動いて止まらない……という高揚感がよく伝わってきた。それを見ながら、いずれこの映画は傑作として映画史に名を残すだろうと思った。

実際、『燃えよドラゴン』は世界五大陸で大ヒットした。人種も言語も宗教も超えて、世界中の子どもたちが「アチョー」と叫びながら走り回ったのである。みんながブルース・リーの動きに感染した。こういうものを「強い動き」と呼ぶのだと思う。

いかに力感があふれていても、破壊力があっても、スピードが速くても、「感染しない動き」は感染しない。たぶんそれはどこかに生物として不自然なものが含まれているからだと思う。

池に投げた石が波紋を広げるように、ある動きが同種の他の個体にまで同心円的に感染することがある。それは生物にとってその動きを模倣することが生存戦略上有利だと直感されたからである。その動きに同化すると、身体が調う。筋肉や骨格や関節の筋目がすっと通る。心地よい波動が全身を満たす。無用な緊張が消える。全身の皮膚の感度が高まって、わずかな感覚入力が一瞬のうちに全身に伝わる。それが「身体が調う」という体感である。

ただ、これを自分ひとりで手作りすることは難しい。それよりはむしろ他者の身体に同調することで会得する方が捷径《しょうけい》である。他者の「強い動き・正しい動き・快適な動き」に感染するようにして身体を調える。これが本筋のようである。

日本の古伝の武道には「夢想」とか「神伝」という名を冠したものが多い。流祖が深山や神社仏閣に籠っているとき、一夜夢の中で天狗や武神に出会い、その型を学んで奥義を極めたという流儀の起源についての物語は枚挙に遑《いとま》がない。これは流儀に箔《はく》をつけるための作り話ではないだろう。一流を開いた武道家自身の実感だったのだと思う。

この動きは自分の中から出てきたものではない。自分が創作したものではない。外部から到来した動きであり、それを「まねる」「まなぶ」ことで自分の身体が調い、パフォーマンスが一気に高まった。そういう実感がそのような物語を選ばせたのではないかと思う。

『論語』に「述べて作らず」という言葉がある。自分の理説は自分のオリジナルではなく、先賢の祖述である。自分は何も足していない、ただ学んだことを伝えているだけだ。これはたぶん孔子の実感だったのだと思う。

自分はある種の大きな知恵と力の通り道であるということを伝える人は多い。生きている人間だけではない。芸術作品からもそれと似た印象を受け取ることはある。

パリのピカソ美術館の中庭にはピカソの造形した山羊の像があり、それが驚くほど強い力を発動している。塑像が強い力を表現しているのではなく、銅像そのものが強い力を発動しているのである。パリに行く機会があったらぜひ一度ご覧になって欲しい。山羊が四本の脚でぐいっと地面を踏みしめて、そこから大地のエネルギーを吸い上げて、それを突き立てた二本の角からパリの空めがけてばりばりと放電している。

パリのオルセー美術館の上層階には印象派の傑作を集めた部屋がある。以前、ひとりで展示を見ながら、部屋の中程まで進んだところで、背後に気配を感じて、振り返ってみたら、ゴッホの「ひまわり」だった。画布に塗られた絵の具の凹凸が皮膚にじかに触れてくるような手触りのはっきりした波動をそのときには感じた。

これらの芸術作品を評するのに「美しい」という形容詞はあてはまらない。むしろ「強い」と呼ぶべきだろう。そういう作品は近づくと「肌に粟を生じる」「身体が浮く」「身体が震動する」など、いろいろな感触を残す。同じタブローや彫刻から、誰でもが同じような感覚を受け取るわけではないだろうが、私はピカソの山羊以来、芸術作品については身体に具体的に触れてくる力の強弱をひとつの判断基準にしている。

（二〇一三年一〇月二九日）

旦那芸の効用

観世流の謡《うたい》と舞の稽古を始めて一七年になる。二年前に初能《はつのう》で『土蜘蛛《つちぐも》』を披《ひら》き、今年の六月には『羽衣』で二度目の能の舞台を踏んだ。次の能は再来年で、『敦盛《あつもり》』を舞う予定になっている。

私が専門とする合気道の基準をあてはめると、まず「三段」というあたりである。ようやく薄目が開いてきて、自分がそもそもどういう技芸を学んでいるのか、自分はなぜこの技芸の習得をめざしたのか、自分はこの芸能の「地図」のどのあたりに位置しているのか、いささか構えて言えば、芸能史におけるおのれの「歴史的役割」は何かということがようやくぼんやりわかってきたあたりである。

こういう自己認知の仕方を私は「マッピング」と呼んでいる。自分自身を含む風景を上空から鳥《ちょう》瞰《かん》的に見下ろすことである。

そして、そうやって見下ろしてみてわかったことがある。それは私がしているのは「旦那芸」だということである。

こういう言い方を好まない人がいることはわかっている。けれども、芸能史をひもとくならば、「趣味の稽古事に夢中になって、そのために本業を忘れ、社交上若干の問題を抱えるようになった困った旦那たち」が芸能の力強い支援者であったという事実は否定できない。

落語には『寝床』という秀逸な「旦那芸」咄《はなし》がある。義太夫語りに夢中になって長屋の店子《たなこ》や店の者たちに辟易《へきえき》される旦那の話である。私は志ん生の『寝床』が好きで、旦那の下手な義太夫を嫌って逃げ出す隣人たちの身勝手よりも、酒肴《しゅこう》も甘味も用意しているのに誰も聴きに来てくれない旦那の孤独にむしろ親しみを覚えた。こういうはた迷惑な素人衆の「裾野」の広がりがあってこそ芸能の峰はその高度を獲得することができる。それはどのような領域においても変わらない。

私はもともと仏文学者である（今ではその名乗りも怪しいが）。私が仏文を志したのは、中学生高校生だった頃、日本の仏文学者たちが（桑原武夫や渡辺一夫や鈴木道彦が）「裾野」の拡大にずいぶん熱心だったからである。知的に背伸びしたがる子どもたちに向かって、この世にはこれほどおもしろく刺激的な学問領域があることを彼らは教えてくれた。そして、専門領域の文学にとどまらず、政治についても、哲学についても、歴史についても、底知れぬ学殖を示し、しばしば社会的実践にも身を投じた。仏文学者というのは、こういうダイナミックな生き方をする人たちなのだと私は思い込み、その姿に惹きつけられた。おそらくは私と同じ理由で仏文を志した若者たちで、当時どこの大学でも仏文学科研究室は汗牛充棟《かんぎゅうじゅうとう》の状を呈していた。

けれども、しばらくして、その仏文人気が冷え込んだ。他の歴史的理由もあるかもしれないが、私は（私をも含めた）専門家たちが「裾野の拡大」のための努力を止めてしまったからではないかと思っている。「脱構築」だとか「ポストモダン」だとか、難解な専門用語を操り、俗衆の頭上で玄人同士にだけ通じる内輪話に興じているうちに、気がついたらいつの間にか仏文科には学生がぱたりと来なくなってしまっていた。

それは、その二、三〇年の間に、中学生や高校生のためにフランスの文学や思想や歴史を研究することがどれほど愉快なことかを熱く説いて、次世代に自分たちの仕事を継承してくれるように懇請した学者が少なかった（というより、ほとんどいなかった）からである。今にして思うなら、その仕事を怠るべきではなかった。

経験的に言って、ひとりの「まっとうな学者」を育てるためには、その数十倍の「学者になりそこねた人」が必要である。非情な言い方に聞こえるだろうが、ほんとうなのだ。どの世界でもそうである。ひとりの「まともな玄人」を育てるためには、その数十倍の「半玄人」が必要である。別に、競争的環境に放り込んで「弱肉強食」で勝ち残らせたら質のよい個体が生き残るというような冷酷な話をしているわけではない。そうではなくて、自分はついにその専門家になることはできなかったが、その知識や技芸がどれほど習得に困難なものであり、どれほどの価値があるものかを身を以て知っている人々が集団的に存在していることがひとりの専門家を生かし、その専門知を深め、広め、次世代につなげるためにはどうしても不可欠なのだと申し上げているのである。

私は仏文学者として「裾野」の拡大に失敗したと思っている。そして、先人たちが明治初年から営々として築き上げてきた齢わずか百年に及ばない年若い学問の命脈を枯らしてしまったことについていくばくかの責任を感じている。

今、日本の大学には専門の仏文学者を育てるための教育環境がもう存在しない。個人的興味から海外の大学に留学してフランス文学を研究し、学位を取る人はこれからもいるだろうが、それはもう日本の風土に土着できずに枯死した学統を蘇生させるためではない。彼らの多くは、自分の研究成果を日本の中高生に嚙んで含めるように説明して、自分の後に続くように懇請するというような面倒な仕事にそれほど時間を割いてはくれないだろう。

どの世界でも事情は変わらない。ひとりの玄人を育てるためには、その数十倍、できたら数百倍の「半玄人」が欲しい。その供給が絶えたときに伝統は絶える。

私が「旦那」と呼ぶのは「裾野」において芸能に関与する人のことである。余暇があれば能楽堂に足を運び、微醺《びくん》を帯びれば低い声で謡い、折々着物を仕立て、機会があるごとに知り合いにチケットを配り、「能もなかなかよいものでしょう。どうです、謡と仕舞《しまい》を習ってみちゃあ？」と誘いをかけ、自分の素人会の舞台が近づくと、「『お幕』と言った瞬間に最初の詞章を忘れた夢」を見ては冷や汗をかくような人間のことである。

私はそういう人間になりたいと思う。そういう人間が一定数存在しなければならないと思う。技芸の伝承は集団の営為だからである。全員が玄人である必要はないし、全員が名人である必要もない。玄人の芸を見て「たいしたものだ」と感服し、おのれの素人芸の不出来に恥じ入り、それゆえ熟達し洗練された技芸への欲望に灼《や》かれる人々もまた能楽の繁昌と伝統の継承のためになくてはならぬ存在なのである。

（二〇一四年九月三日）

武道家は天下無敵をめざす

合気道は武道である以上、稽古の方便として「敵が私を攻撃してくる」という設定を採用するのだけれども、それは「敵」という概念を無効化するための設定なのである。

わかりにくい話なので、その話をする。

武道の稽古について話すためにはまず「敵とは何か」というところから話を始めないといけない。

だが、よく考えて見ると、私たちは「敵」という言葉を濫用しているわりにはその意味がよくわかっていない。

　武道の究極の目標は「天下無敵」である。けれども、「無敵」とはどういう意味なのか？　果たして私たちはそれがわかってその語を使っているのだろうか？

「天下無敵」とは出会う相手を次々と斃《たお》して、ライバルを全部殺した状態を意味するのだろうか？

まさか。

　いや、そういえばそういう暴言を吐いた男がいた。『荒野の七人』でロバート・ヴォーンが演じた孤高のガンマン、リーである。映画の中で、ガンマンたちが自分たちの「持たないもの」を数え上げる場面がある。「妻もいない、子もいない、友だちもいない、帰る家もない……」とガンマンたちが指折り数えているときに、リーが「敵もいない（Enemies none）」と口をはさむ。クリス（ユル・ブリンナー）やヴィン（スティーヴ・マックイーン）が不審な表情を向けると、リーはにやりと笑って Alive と続ける。「生きている敵は」と。

　そういうことはあまり言わない方が身のためではないかと思うのだが、案の定、銃撃戦になるとわりとあっさりリーは撃たれて死んでしまう。

「天下無敵」というのは「自分を害しようとする者は全部排除する」という意味ではない。そんなことはどれほど超絶的な身体能力の持ち主にも不可能だからである。そもそもどんな人間でもいつかは病み衰えて死ぬ。かつて死神に勝った人間はいない。

しかし、それでも武道を修業する以上、その目的は「天下無敵」でなければならない。それが実現可能性あろうとなかろうと、修業には必ず無限消失点的な目標が必要だからである。

「いや、私はそんなだいそれた目標は掲げません。もっとレベルの低い、ぼちぼち技が遣《つか》える程度で十分です」と言う「謙虚」な人がいるかもしれない。でも、もしそういう人が「だから、別に一流の師匠に就くつもりもないし、レベルの高い稽古も望まない」と言うなら、それは無意味な発言であるという以上にかなり傲慢な発言である。

というのは、「私の目標は『ぼちぼち』であって『至極の境位』なんかじゃありません。ですから、私に見合ったレベルの『ぼちぼちの先生』を見つけて、レベルの低い稽古をしています」と言う人は、自分が現に就いて習っている「師」を「ぼちぼち」だと見なしているということである。自分がまだ習熟してさえいない習う技芸について「一流」と「三流」の区別が自分にはつけられると思っている。芸道未熟の身でありながら、鳥瞰的な視点を不当に先取りして、「あの先生はたいしたもんだが、この先生はまあぼちぼちやね」というような査定が自分にはできると思っているのである。その時点で、この人にはもう技芸を習う資格がないと私は思う。

どのような芸事であれ、稽古する以上は「至極の境位」をめざさなければならない。それは旅行における目的地に等しい。新幹線に乗って「東京から京都へ向かう」というのと変わらない。熱海や浜松あたりで時間切れとなって、そこで旅程を終えて息が絶えたということでも修業上は構わない。正しい目的地をめざして粛々《しゅくしゅく》と努力してきたのである。品川で終わろうと、新横浜で終わろうと、誰に恥じることもない。「生涯かけて修業しました」と胸を張って言えばいい。

武道における目的地は「天下無敵」である。これは譲るわけにはゆかない。

前に中等教育で武道の「必修化」が行われたとき私は一武道家としてこれに強く反対した。それは必修化の目的が「愛国心の涵養《かんよう》」や「礼儀正しくなる」というようないやに世俗的で実利的なものだったからである。

武道はそのような具体的な効果を達成するための手段ではない。愛国心を涵養したければ「愛国心」という科目を新設すればいい。礼儀正しくなって欲しいなら「礼儀」という科目を新設すればいい。けれども、武道を別の目的のために道具的に利用することは止めて欲しい。武道の目的は「天下無敵」である。それ以外にない。そして、その目的をめざす修業は、すべての武道修業者が今ここで始められるものでなければならない。

だからこそ「敵を斃す」ということを修業の目的にしてはならないのである。人を効果的に殺傷する技術というのは武道とはまったく別の技術体系だからである。

特段の訓練も受けず、超絶的な身体能力がなくても、先天的に人を効果的に殺傷できる能力の高い人というのはいる。たぶん最も豊かな才能があるとすれば、それは「人畜無害な人間に見える」という擬態ができることだろう。「標的」に何の感情も示さずに無表情に近づき、何のためらいもなく急所を攻撃して、心拍数も血圧も変わらずに立ち去ることができるという人がいれば、その人は間違いなく「敵を斃す」達人と言える。だが、ふつうの人にはそんな技術を会得する必要はない。そんな技術を会得したことによって人生が豊かなものになるということはないからである（『羊たちの沈黙』の食人鬼ハンニバル・レクター博士は看護婦の頬の肉に食いついている間も心拍数が変わらないそうだが、「レクター博士みたいになる」ために修業するという人はたぶんいないと思う）。

　武道修業は万人にとって有用であり、万人に開かれているものでなければならない。私はそう信じている。だから、それは「敵を斃す」技術の会得ではない。では、「敵を斃す」ことではない「天下無敵」とは何を意味するのか。

「天下無敵」とは「天下に敵なし」ということである。「敵がいない」というのは「いたけれど、排除した」ということではない。「そもそも、いない」ということである。世界を見渡したときに、「敵」と呼ばれるようなものが存在しないという広々とした、穏やかな境位に至ること、それが武道修業の目的である。私はそう考えている。

　もちろんいきなりそんなところに到達できるはずがない。「天下無敵」はあくまで無限消失点である。私たちはそこをめざして修業し、そこに至ることなく命数尽きて生涯を終える。でも、めざしている方向が正しければ、修業者としてはやるべきことはやったと言ってよい。

「無敵」に至るには前段がある。それは「敵」という概念の改鋳である。「敵」を再定義する。まずはそこから話が始まる。

「敵」概念を改鋳するとは、逆説的に聞こえると思うが、できる限り「敵」概念を拡大することである。

敵というのは目の前にいて自分を殺傷しようとしている人間だけには限定されない（ふつうの人はそういう機会にあまり遭遇しない）。試合とか競争における「ライバル」も「敵」にカウントされる（というかスポーツの場合は、「敵」という語にはそういう意味しかない）。もっと広い意味では「自分の生命力を殺《そ》ぐ人間」も「敵」にカウントできる。強圧的な上司とか、無能で無責任な同僚とか、DV夫とか、反抗的な子どもとか、不愉快な隣人とか、電車の中の痴漢とか……そういう人間がいるせいで、生きる気力が萎《な》えて、気《き》鬱《うつ》になり、夜も眠れず、食も進まないということであれば、彼らもまた立派な「敵」である。生命力が低下するという効果だけを言うなら、排気ガスも「敵」だし、花粉も「敵」だし、インフルエンザウイルスも「敵」である。そもそも加齢こそが全人類にとって最強の「敵」である。いま生きて、呼吸していること自体が刻一刻と自分の生命力を削ってゆく過程なのである。

実際に、世界的なプロのアスリートたちはコーチ、医師、カウンセラー、フードコンサルタント、広報マン、弁護士などを引き連れてワールドツアーをする。それは技術的な欠点だけでなく、疾病も、メンタルストレスも、体重管理も、メディアでの評価も、離婚訴訟も、すべてがアリーナで向き合うライバルと同じように（場合によってはそれ以上に）アスリートのパフォーマンスを低下させることを彼らは知っているからである。つまり、アスリートの場合について言えば、「敵」のカテゴリーに繰り込むものが増えれば増えるほど、その人はパフォーマンス低下のリスクを減らすことができる。リストアップできる「敵」の数と種類が多いほど、「負ける」リスクは逓減するのである。この理路が呑み込めたら、とりあえず修業の旅程も「熱海」あたりまでたどりついたことになる。「天下無敵」への道の第一歩は「そんなことを言ったら、世の中はほとんどが敵だらけじゃないか」と言ってあきれ返ることである。

実際、その通りなのである。世の中ほとんど敵だらけなのである。眼の前にドアがあっても壁があっても、それは私の動線をふさぎ、私の可動域を限定し、私の自由を損なう「敵」である。でも、私たちはふつうそういうものを「敵」だとは見なさない。だって、ドアはノブを回せば開くし、壁は迂回すれば向こう側に行けるからである。配偶者や子どもも、しばしば私の自己実現を妨げ、私に過剰な労働を課し、無用の気づかいを求める。私の自由を損なっているという点では家族は私の「敵」である。でも、こちらがきちんと適切な関係を保っていれば、彼らが私の自己実現を支援し、私の負荷を代わりに担ってくれて、私を気づかってくれることだってある。

つまり、「敵」のほとんどは「斃す」ことなく、その「敵性」を解除することができるのである。あまり病気をしないように心がけ、暴飲暴食をせず、家族や友だちには親切に接し、隠さなければならないような醜聞はそもそも起こさないように配慮し、加齢によって身体能力が劣化してきたら「まあ、人間というのはそういうものだ」と涼しく受け入れ、最期は「みなさん、どうもありがとうございました。お世話になりました」と言って笑顔で死出の旅に発《た》てることを人生の目標にして日々生きていれば、「敵」の敵性はかなりのところまでは消失する。

私の可動域を制約し、私の自由を損ない、私の動線を塞ぐものをことごとく「敵」と再定義するならば、そこにはフィールド上で向き合うライバルだけでなく、インフルエンザウイルスも、扶養家族も含まれる。そして、それらの多くは工夫次第で「敵性解除」できる。

私の運動の自由を制約するものが何もない状態を「理想」とするならば、私以外にこの世界に人間がいるということ自体が「よくない」ことになる。つまり、地球上に誰ひとり人間がいない状態が「理想」だということになる。でも、そんなはずがない。それでは寂しいからというので、「地球上に私の他にも人間はいるのだが、彼らは私の自由を阻害することがない」という状況に設定変更したらどうか。私が歩くとみんなが道を開けてくれる。私が頼んだことはすぐに実現する。私が意見を述べるとみんなが激しく頷いて「その通りです」と言ってくれる。そんな世界が楽しいだろうか？　たしかにこれもある意味では「天下無敵」である。でも、ぜんぜん楽しくないと思う。まるで生きている甲斐がない。

じゃあ、どういう世界が楽しいのか？　地球上に私以外にたくさんの人がいて、いろいろな仕方で私の自由な運動や自己実現を妨害しているのだけれども、私が適切に対処すると、その「敵性」が解除されて、彼らはむしろ私の「支援者・協働者」に変わり、彼らがいるおかげで私単独ではできないことができるようになる……というスキームがたぶん一番楽しいと思う。

生物の本性として、私たちは「より複雑な生き物」になることを宿命づけられている。生物の本性だから、逆らうわけにはゆかない。そして、複雑化するために、簡単にはコントロールできない環境に投じられて、自分自身を「前とは違うもの」に書き換えることで環境に適応するというプロセスを繰り返す。それが生物学的な意味での「進化」ということだと思う。そして、それがそのまま「天下無敵」ということの意味だと私は思っている。

礼儀正しさについて

「礼儀正しいことは、なぜ生きる上で必要か？」という本来小学生に教えなければならないことをあらためて雑誌上で開陳しなければならないというのが、礼儀をめぐる問題の根深さを語っている。

私は礼儀正しさというのは自己保存・自己防衛のために大切なツールだと考えている。しかるべきとき、しかるべき場において、礼儀正しくふるまうことで私たちはさまざまな災いを避けることができる。「鬼神は敬してこれを遠ざく」と孔子も説いている通りである。

「敬」というのは「神事祝禱に関する字」であり、「神につかえるときの心意」である。白川静先生によると「敬」の語源はずいぶん血なまぐさい意味なのであるが、ここでは立ち入らない。ともあれ「敬」というのは「禍々《まがまが》しいもの」のそばにはうかつに近づかない方がいいという遂行的な指示を含む語である。

私は「礼儀正しさ」というのは、この「敬」のことだと解している。わが身に災いを及ぼす可能性のあるものとは適切な距離をとって、うかつに近づかないこと。それは熱いフライパンに触るときには「なべつかみ」をはめた方がいいとか、天ぷらを揚げるときに油の中に指をじかに入れない方がいいというような実践知とそれほど変わるものではない。だから、どうして「礼儀正しいことは、なぜ生きる上で必要か？」という問いが出てくること自体、私にはよく意味がわからないのである。だって、そうしないと痛い思いをしたり、怪我をしたり、場合によっては失命するリスクだってあることについて、「どうして、そうしないといけないんですか？」と訊かれても困る。

では、なぜそういう「ありえない問い」が立てられるかということの方がむしろ私には興味深い。

それはたぶん「敬意を示す」ということが何か相手に対して「持ち出し」になっているというふうに考えているからではないだろうか。どうして私の方が「持ち出し」なのか？　私が示した「敬意」というものに対して、それなりの「代償」が提示されないのは納得がゆかない。たぶんそういうふうに考えている人が多いのだろう。「礼儀正しくすること」という「苦役」によって、しかるべき「代価」を支払った以上、それなりの価値のある「商品」が引き換えに提供されるべきである、と。でも、実際には、礼儀正しくふるまったからといって、目に見えるような「よいこと」は起きない。だったら「礼儀正しくすること」はまるで無駄なことではないか。そういうふうに「合理的」に考える人があるいは現代人の過半に迫りつつあるのかもしれない。

そういえば、学校給食のときに「頂きます」と子どもたちが唱和するのが理不尽だと言い立てた親がいたと聞いたことがある。自分はちゃんと給食費を支払っている。誰からも施されているわけではない。「頂きます」と言う相手はどこにもいない、と。だから、黙って食べ始めればよいという理屈である。こういうことを言う人は、人類がその歴史のほとんどを飢餓ベースで過ごしてきたということをたぶん忘れているのだろうと思う。今だって、地球上の九人にひとりは飢餓状態にある。私たちの身体は飢餓ベースでできている。だから、「太るのは簡単で、痩せるのは難しい」のである。一度食べたら、次はいつ食べられるかわからないから、人間の身体は何かが口に入ったら、それをできるだけたくさん皮下脂肪に蓄えて飢餓に備えているのである。栄養価の高い食事が決まった時間にちゃんと食べられるというのは、人類史的には例外的なことである。だから、私たちは「ご飯が食べられて、ありがたい」と思う。文字通り「有り難い」こと、「なかなかありえない」ことなのだと思うから、その幸運に対して、謝意を表する。金さえ出せばいつでも食べたいものが食べられるということを疑わない人は歴史についての現実についても、あまりにも無知だと言わねばならない。

「礼儀正しくふるまう」のも、この「頂きます」と機能的にはそれほど違うわけではない。とりあえず今は無事でいられると感じたら、「それが当然」であるとは考えないで、「それは無数の幸運の積み重なった効果」であると考える。わが身になにごとも悪いことが起きないのが「ふつう」だと思わないで、なにごとも起きないのは「例外的に運がいい」と思う。そういうマインドセットが「礼儀正しさ」を基礎づける。

現代日本人は「無事」を感謝する習慣を失い始めた。これはかなり恐ろしいことである。というのは、そういう社会では「禍々しいもの」を抑制する働きがしだいに弱まり、「鬼神」の出番が増えるからである。

「礼儀正しさ」にはもう一つ大きな利点がある。それは「型通り」ということである。敬意の表現には「型」がある。オリジナルで、個性的な敬意の表現というものは存在しない。ぜひそういうことがしたいという人は試みてみればよいと思うけれど、たぶん相手には伝わらない。

敬意表現の「型」は人類史の遠い過去から伝えられてきたものである。それをしたら、「禍々しいもの」をそっと押し戻すことができて、ことなきを得たという実際の成功体験の積み重ねが「型」になったのである。だから、「型」を軽んじてはいけない。

私は人も知る「型通り」の人間である。毎朝同じ時間に起きて、道場に下りて、お勤めをする。祝詞を上げ、般若心経を唱え、不動明王の真言を唱え、九字を切り、「今日一日怒らず恐れず悲しまず」という中村天風先生の誓言を述べてから「オキナガ」という呼吸法をする。こういうルーティンは一度始めたら崩さない。

ルーティンを守ることには、いくつもの効用がある。最大の効用はルーティンを守っている人間はそうでない人間に比べて「いつもと違うこと」の発生を察知する確率が高いということである。

地下鉄サリン事件のとき、毎朝同じ電車の同じ車両に乗って通勤している人がふだん見たことのない風体の男たちが乗り合わせているのを見て、気になって途中下車して難を逃れたという話を聞いたことがある。あるいは都市伝説なのかもしれないけれど、「ルーティンの手柄」を言い当てて妙である。

「禍々しいもの」が私たちの世界に侵入してくるとき、その予兆には二つのかたちがある。一つは「いつもはないものがある」、一つは「いつもあったものがなくなる」である。これまで見たことがないものが出現したことはすぐわかる。だが、それまであったものが消えたことはそれよりは感知が難しい。けれども、「禍々しいもの」の侵入を防ぎとめていたのは、しばしば堤防に開いた「蟻の一穴」に差し込まれた小石のようなものなのである。それが取り去られたせいで穴からじわじわと水が浸み出してきて、やがて大雨の日に堤が崩れる。そういう「小石」のような仕掛けが私たちの世界には無数に張り巡らされている。その複合的な効果のおかげで、私たちは今日も無事に暮らしているのである。だから、そのような「小石」的なものの存否を感知できるということは、生存戦略上きわめて重要なのである。

イマヌエル・カントは規則正しい生活習慣で知られていた。毎日決まった時刻に決まった道を散歩した。あまりに時間が正確なので、通り道の家ではカントの姿を見て時計を合わせたという逸話が残されている。私はこれを特殊な個人的性癖だとは思わない。というのは、毎日型通りのことをしていると、ふつうの人なら見落とすようなわずかな変化が感知されるからである。それは散歩の道筋で見かける植物相から四季の変化を感じるとか、人々の生活ぶりから政治経済の潮目の変化を知るというようなことにとどまらない。型通りに生きていると、自分の内側で起きた微細な変化に対する感度も高まるのである。

カントのような精密な思考をする哲学者にとって最も重要なのは「アイディアの尻尾をつかむこと」である。自分の脳裏に昨日までは存在しなかった思念の断片が視野の端をすっと横切るということがある。角を曲がって姿を消した人のコートの裾だけが見えるように。すばやく駆け寄って、そのコートの裾をつかむ。学術的なアイディアがかたちをとるというのは、そういう経験である。そして、「昨日までは存在しなかった思念の断片」をつかむためには、それ以外の条件がすべて同じという設定がどうしても必要なのである。天文の観察では、昨日夜空を撮った写真と今日撮った写真を重ね合わせると、そこで「動く」星が検出される。それと同じである。

逆に、型通りが嫌いという人ももちろんいる。こちらの方が多いかもしれない。毎日起きる時間も寝る時間も変え、食事を変え、行き先を変え、交際相手を変え、住む家を変える……というような生活を好ましいと思っている人がいる。たしかに毎日目新しいことがあれば、それはそれで愉快な生き方なのかもしれない。でも、こういう冒険的生活者はものごとを精密に観察することにはまったく向いていない。環境の変化が激しいと、自分の中で起きている変化が、自生的なものなのか、外界の影響によるものなのかがわからなくなるからである。だから、冒険家でありかつ哲学者とか数学者であったという人は歴史上きわめて少数だろうと思う。

「ＡＥＲＡ」に「礼儀正しいことの必要性」について書くはずがずいぶん違う話になってしまった。

せっかく書いたので、備忘のために残す。

残心について

武道では「残心」ということを言う。一つの動作を終えた後に、しばらく心身を緩めずにとどまることである。若い頃はよく意味がわからなかった。相手を投げ終わって、もう相手との身体的接触がなくなった後も、構えを解かずに、指先まで気を通しておけと先輩に教えられた。言われたので、言われた通りにしていたが、内心では納得がゆかなかった。だって、もう投げ終わっているのである。そんなところで「ポーズを決めて」どうするんだと思っていた。

居合を習っているときにも「残心を大事に」と言われた。そのときもやはり納得がゆかなかった。だって、もう斬り終わっているのである。もし相手がほんとうにいたのだとしたら、そこに斬られて倒れているのである。死体を前に見得を切ってどうするんだと思っていた。

しかし、長く稽古していると残心がポーズや見得ではないということがわかってきた。残心があると、その前の動きに違いが出るということがだんだんわかってきた。

残心というのは動きが終わった後の心身の構えのことである。でも、残心によって、その前に終わった動きの質が変わるのである。時間が局所的に逆行したような感じである。文の最後にピリオドを打ったら、文の全体が引き締まったというようなことがあるけれども、それに近い。

私たちはなんとなく時間というのは過去から未来に向けて一方向的に、等速で流れているように思い込んでいるが、それは違う。稽古をしていると、そのことが体感としてわかる。私たちはときには少し時間をフライングして未来を先取りし、ときには少し過去に戻って、過去を書き換える。

そんなことがあってたまるかといきり立つ人もいるかと思うけれど、あるのだから仕方がない。それに「そんなこと」を私たちはごく自動的に、日常的に行っている。例えば、「話す」という行為がそうだ。

誰かが私に向けて何か語りかけてくる。センテンスの最初の語が発語された時点ではまだ何を言おうとしているのかわからない。センテンスの半ばまで進んだあたりで、「だいたいこんなことを言おうとしているらしい」と予測がつく。でも、日本語の場合は文の最後になって「である」か「ではない」で肯定否定が切り替わるから、油断はできない。文の最後まで「何を言おうとしているのか」は未決のまま宙吊りにしておかねばならない。

たまによく聴き取れなかった語が途中で「あ、あのことか」とわかることもある（「戦闘」だと思って聴いていた語が「銭湯」のことだったとか）。その場合は、時間を遡って、これまで聴いた話を頭から全部書き換えなければならない。

でも、そういうことが私たちにはできる。自動的にできる。「私」というような単純な一語でさえ、「た」の音を聴いているときに「わ」はもう消えており、「し」はまだ発語されていない。「わ」

を引き止め、「し」を先取りしたときにはじめて「私」という語は聴き取られる。私たちが他者の語る言葉を理解できるのは、もう聞こえなくなった音を手元にとどめおき、まだ聞こえない音を先取りしているからである。

「聞き上手の人」というのがいる。別にすばらしく理解が早い人ということではない。そうではなくて、人の話を聴きながら、「ほんとうは何を言おうとしているのか」を、しばらく未決状態に宙吊りにしておくことができる人のことである。話を聴きながら、しばらくの間「中腰に耐える」ことができる人である。そういう人を相手に話していると、話しやすい。こちらがじっくり言葉を選んだり、言葉を探して黙り込んだり、一度口にしたことを撤回したり、同じことをちょっとずつ表現を替えながら繰り返すということを許してくれるからである。それが「聞き上手」な人である。

逆に「人の話をうまく理解できない人」というのがいる。少しだけ話を聴いて「言いたいことはわかった」と膝を打って早とちりしたり、話の腰を折って、「いいから一言で言いたいことを言えよ」と急かしたり、ぼんやりしていて、「悪いけど、もう一度最初から話してくれない？」と言ったりする人がそうである。相手が言いたいことを未決状態のまま宙吊りにして、ある程度の時間、その居心地の悪さに耐えるということが苦手なのである。

「人の話を聴くのが上手な人」は「中腰」に耐えられる。言い換えると、時間を中断させることなく、しばらく走らせておくことができる。話の進み具合を見て、これからたぶん「こんなこと」を話すのだろうという予測をいくつか立てておいて、どれが来てもスムーズに繋がるようにすべての予測を「暖機運転」しておくことができる。さっき話したことは「こんな意味」だったのかと後になってわかったら、リアルタイムで話を聴きながら、時間を遡って、さきほど聴いた話を「後知恵」に基づいて書き換える。そういうことができる人が「人の話を聴くのが上手な人」である。

例えば、お医者さんで、問診の上手な人がいる。そういう人は患者の話を忍耐づよく聴いて、急いで診断を下さない。患者のまとまりのない痛みや不調の訴えを注意深く聴きながら、そのつど追加された情報に基づいて、前に話した内容を修正したり、前後を入れ替えたり、穴を埋めたりして、とらえどころのない愁訴をまとまりのある文字列に整えてゆく。

武道でも事情は変わらない。時間の中を自由に行き来できる人が達人である。当たり前である。これから起こることを予測でき、過去に起きたことを修正できるなら、たしかにこれは達人である。相手の切り込む刃筋が予測できれば、身をかわすことは造作もないし、間違った動きをした場合に「やり直し」が効くのならまさに無敵である。

それゆえ、私たちは武道の技術的目標として「時間の中を行き来すること」を掲げる。現に言語的コミュニケーションの現場でやっていることなのだから、身体的コミュニケーションの現場でだってやろうと思えばできるはずである。理屈としては。

そこで話は残心に戻る。残心というのは、ある動作を、それが終わった後も、しばらくの間未決状態に宙吊りにすることである。もう終わったのだけれど、まだ終わっていない。その時間のゆらぎというか、開放性というか、それが武道的にはとても「よいこと」なのである。どこがどう「よい」のか具体的に言えと急かされてもすぐにはお答えができないのが歯がゆいけれど、とにかく「よい」のである。

武道で禁忌とされるのは「居着き」である。ふつうは足裏が床に貼り付いて身動きならない状態のことを指すが、居着きには時間的な意味もある。ある時点に釘付けにされて、そこから先へ進むことも、後に戻ることもできないというのが時間的な居着きである。

フロイトはそれを「トラウマ」と呼んだ。どんな経験をしても、過去のある経験が心身に刻み込んだ堅牢な枠組みの中に引き戻されてしまう。新しい恋をしても、そのつど「古い傷あと」が疼《うず》くという石原裕次郎の歌があったけれど、それである。腰にゴムバンドを縛り付けられていて、いくら遠くに行っても、力尽きるともとの場所に引き戻されてしまうという刑罰はトラウマのありようを空間的に表象している。

いかにして居着きを去るか。これは武道の最重要の技術的課題の一つである。

ふつうは空間的な居着きを去って、運動の自在を得ることを言うが、私は時間的な居着きを去って、時間の中を行き来する自在を得ることも武道の重要な課題ではないかと考えている。

残心とは、少し前に自分が行った技の欠点を、終わった後になってから時間を遡って補正するということだと私は思う。

残心はかたちが決まっているわけではない。若いときの私が勘違いしたように、決められた見得を「型」として再演しているわけではない。そうではなくて、その前に自分が行った動きがあたかも必然的なものであったかのように文脈を整えているのである。

推理小説で、名探偵が途中で、何やらよく意味のわからない行動をしたのだけれど、物語の最後の種明かしのときに、「なるほどあれはここに至るための伏線であったのか！」と膝を打つ、ということがある。残心はたぶんそれに近い。名探偵の「最後の種明かし」のことなのである。それによって、それ以前になされた「なんだかよくわからない動き」の意味が確定する。技をかけた本人にとっても、かけられた相手にとっても、二人を含む「座」の全体においても、すべての可変的要素が、あたかも宿命に従ったかのように、そのあるべきところに収まった……というふうに文脈を整える。それが残心の効果である。

というような説明ではあまり意味がわからないかもしれない。申し訳ない。私がみなさんの目の前で、「ほら、これですよ」とやってみせて差し上げることができたらよいのだが、そこまで熟達していない。でも、たぶんこういう理解で間違っていないだろうと思っている。

武道と能楽

大学を退職したのを機に神戸市内に専用道場を建てた。一階が道場で、その二階に暮らしている。

究極の職住近接である。

観世流《かんぜりゅう》シテ方の下川宜長《しもかわよしなが》先生の社中に加えて頂いてから能楽の稽古をしていたが、その後、縁あって大倉流小鼓方《こつづみかた》の人と結婚することになったので、道場を建てるとき、正面の壁に可動式の「老松」を作り付け、畳を上げると三間四方の檜《ひのき》舞台が出来上がるようにした。

というわけで、「武道と能楽」というのは、あらためて主題的に思量するまでもなく、私の「全生活」とまでは言わずとも、「半生活」くらいには当たる。

長く武道と能楽に浸って暮らしてきた経験から私が言えるのは「武道と能楽は相性がよい」ということである。別に力んで言うほどのこともなく、みなさん先刻ご案内の通りである。

加賀藩のお殿様であった前田斉泰《なりやす》に『申楽免廃論《さるがくめんはいろん》』という能楽書がある。金沢の能楽美術館の学芸員である山内麻衣子さんに頼まれて、この能楽書をめぐるシンポジウムに出ることになった。

金沢は「空から謡が降る」と言われるほどに能が盛んな土地柄である。藩主はじめ藩士たちが久しく宝生《ほうしょう》流の能楽を嗜《たしな》んだ。その中でも最も能に親しんだのが、一二代藩主前田斉泰である。

斉泰は重篤な脚気にかかって苦しんだことがある。薬石効なく、困《こう》じ果てた末に、思い立って能の舞を稽古したところ、快方に向かい、やがて完治したという経験を持っている。その体験をもとに能の舞や謡の健康法としての効用を説いたのが『申楽免廃論』である。

能楽美術館がその本を中心に据えて、「武家の能と身体」というテーマで展覧会を行ったのだが、そのキックオフイベントとしてシンポジウムが開かれたのである。

一緒に登壇したのは能楽師ワキ方の安田登さんと宝生流シテ方の藪克徳《やぶかつのり》さん。私は能楽と武道の両方を稽古しているというわりと珍しい人間として呼ばれたのである。

シンポジウムの前に、山内さんから『申楽免廃論』のコピーを送ってもらって読んでみた。一読して驚嘆したのは、前田斉泰がこの著作のうちで武道についても、能楽についても、もっぱらそれらを健康法として論じていたことである。ふつう、武士はそんなことは（心に思っていても）口に出しては言わない。能楽師も言わない。もっと「おごそか」なことを言う。

もちろん、斉泰も「おごそか」なことを言っていないわけではない。武術と能楽の本質的な相同性について斉泰はたしかにこう書いている。

「心術ノ極《きょく》ニ至リテハ相手ドル所ノ囃子《はやし》方《かた》ナリ脇《わ》キ方《かた》ナリ地《ぢ》方《かた》ナリ相互ノカケヒキ双方ニ先手《せんて》後手《ごて》ノ争ヒ等スベテ精神ヲコラシ心気ヲコムル所ハ恰《あたか》モ武術ノ勝負アルニ異ナラズ。」

その通りだと思う。でも、こう言っては失礼だが、これは武道と能楽を併せて論じる人なら誰でも言いそうなことである。柳生宗矩《やぎゅうむねのり》の『兵法家伝書』にも宮本武蔵の『五輪書』にも書いてある。これは武道と能楽を語るときの「定型句」である。もちろん、間違っているわけではない（ものすごく正しい）。でも、斉泰はそんな「誰でも言いそうなこと」を言うためにこれほど長い文章を書いたわけではないように私には思われる。

能楽修業がいかに健康に資するかをこれほど熱く論じた人は『申楽免廃論』が書かれた幕末にも明治以降にもたぶんいないと思う。ふつう能楽について語る人は、それが武人でも政治家でも、

「幽玄」とか「花」とかの美的玄妙さについて何ごとかは語る。ところが、『中楽免廃論』には、能楽のそのような美的価値については一言の言及もないのである。そういう美的なものを論述に一切混入させないように斉泰は精密な配慮を行っている。これはかなり異常なことと言わねばならない。

『中楽免廃論』は、一読しただけだと、常識的過ぎるほど常識的な本に思える。なにしろ「能楽を稽古すると脚気を防げる」という恐ろしく散文的なことが中心的な論点なのだから。しかし、私は一読してこれを「異常な本」だと感じた。というのは、私自身は武道や能楽を健康法だと思ったことが一度もないからである。

と書いておいてすぐに前言撤回するのも心苦しいが、たしかに武道も能楽もすぐれた健康法ではある。ただそれは、この世で人間がすることはすべて「健康法」として実践できるという意味での健康法に過ぎない。歩くことも、眠ることも、飯を食うことも、仕事をすることも、遊ぶことも、この世で人間がすることはすべて健康法と見なすことが可能である。けれども、ご案内の通り、なかなかそうもゆかない。というのは、ややもすると人間はそれらの営みにおいて、「度が過ぎる」か「足りない」かいずれかに崩れ、「適度に」これを実践することが甚だしく困難だからである。歩き過ぎて股関節を傷め、食い過ぎて中性脂肪を増やし、飲み過ぎて肝臓を壊し、働き過ぎて過労死する。

『中楽免廃論』は最初から最後まで能楽が健康法としてすぐれているということを論じた本である。だから、斉泰はひたすら「適度に」とはどういうことかを論じることになる。これは能楽についてというよりは、あるいは武術と能楽の関係についてというよりは、端的に適度であるとはどういうことかについての論考なのである。

斉泰によれば、大食漢は大食することが健康法で、小食のものは小食するのが健康法である。女は「針縫ヲ業トシ著坐《ちゃくざ》ヲ常トシ遠足スルヿ《こと》年中幾度」だが、それが「天理」であるから病を得ることがなく、商人は「終日魚菜ヲ荷《にな》ヒ市中ヲ馳走《ちそう》」するから健康を保っている。飲食房事正坐はそれなしでは人は生きてゆけないが、過ぎれば心身を害する。まことに、その通りである。

あらゆる人間の営みにはその分限ということがあり、適度ということがある。その規矩《きく》を踏み外すことなく、「いい加減」のところにおのが身を持していれば、人は「天理」に従って、健康に、その分を全うすることができる。斉泰がこの本で書いているのは、それに尽くされる。

能曲舞踏もまた蹴鞠《けまり》や鷹狩や武術と同じく「脚部運行」の方便に他ならぬ。原理においては帰するところ一つである。しかし、能楽は、他のどれよりも、その「程度」の調整においてすぐれている。蹴鞠は惜しいかな「左右同體」ではない。鷹狩は世情視察の政務を兼ねるが「連日出《いで》テハ下ノ煩《わずら》ヒ」となる。武術は病後の弱った身体では「少シ烈《はげ》シキ動作アレバ早呼吸ニ障《さわ》リテ為《な》シ難《がた》シ」という欠点がある。この本に跋文《ばつぶん》を寄せた謙山利平は「武門ノ人ハ兎角《とかく》気血《きけつ》凝滞《ぎょうたい》シテ筋骨ヲ痛ムノ病ヲ生スル人多シ」「却《かえ》テ衆病《しゅうびょう》ノ害トナル歟《か》」と書いているが、斉泰はこういう「原理主義的」な書き方はしない。

私は斉泰のこの知見を「大人」のものだと思う。天理に従い、規矩を踏み超えず、無理をしないで、「いい加減」のところにわが身を持すというのは言うのは簡単だが、実践することは難しい。非常に難しい。そして、畢竟《ひっきょう》するところ武道の極意もまたここに存するのである。

武道ではこれを「機を見る。座を見る」と言う。柳生宗矩はこう書いている。

「一座の人の交《まじは》りも、機を見る心、皆兵法也。機を見ざればあるまじき座に永く居て、故《ゆえ》なきとがをかふゝり、人の機を見ずしてものを云ひ、口論をしいだして、身を果す事、皆機を見ると見ざるにかゝれり。座敷に諸道具をつらぬるも、其の所々のよろしきにつかふまつる事、是も其の座を見る事、兵法の心なきにあらず。」(『兵法家伝書』)

機とは時間、座とは空間のことである。自分がいるべきときに、いるべき所にいて、なすべきことをなす。約《つづ》めて言えば、それが武道修業の目的である。斉泰が『免廃論』で書き連ねていることもここに帰着する。

宗矩が「機、座」と書いたことを、斉泰は「度、質」と言い換えている。「度」も「質」もいずれも天賦の資質、その人がこの世において果たすべき「ミッション」を示す語である。世の中には健脚の人もいるし、足弱の者もいる、五合飯でようやく腹が満つるという人もいるし、一合飯で足りる人もいる。健脚の人にわずかな歩行しか許さず、足弱の人に長い遠足を強いれば、どちらも身体を壊す。五合飯の人間に一合飯しか与えず、一合飯の腹に五合を詰め込んだら、どちらも身体を壊す。問題は「いい加減」なのである。それを見極めなければ、人はその分を果たすことはできない。

「何ニ事モ己《おの》レ己レノ度ヲ知ルハ只《ただ》自ラ覚知スルヨリ他ナシ。」

あらゆる人間的営みは健康法として実践することができる。だが、すべての人間に適用できる一般的健康法なるものはこの世には存在しない。唯一の健康法とは「己レノ度ヲ知ル」ことである。前田斉泰のこの知見は時代を超えて傾聴すべきものだと私は思う。

（二〇一九年三月三日）

学ぶ力について

相対的優劣を競わせて、勝者に褒美を、敗者に罰を与えれば人間はその能力を開花させるという「競争信仰」が学校を覆い尽くしている。これは教育者としての実感からすると、まったく非現実的である。競争させても、学力なんか伸びない。劣化するだけである。

それは「学力」というキーワードの理解にずれがあるからである。

「学力」というものを多くの人は数学の問題を解いたり、英語の文章を読んだり、歴史の年号を記憶していたりする能力のことだと思っている。そういう定量的なものだと思っている。だが、それは違う。

学力というのは文字通り「学ぶ力」のことである。「学んで得た知識や情報の量」のことではない。新しいことを学び、吸収し、それを血肉化する力のことである。遂行的なもの、微分的なものである。それは「消化力」が体重のことではないのと同じである。

　学ぶ力は他人と競うものではない。それは生きる力が他人と競うものではないのと同じである。生きる力にはさまざまな種類がある。例えば、「何でも食える力」というのは久しく飢餓ベースで生きて来た人類にとって、生き延びる上でおそらく最も必要な能力の一つである。「どこでも寝られる力」というのもそうである。どのようなストレスフルな環境でもぐっすり眠れる個体は、不安と興奮で一睡もできない個体よりも、そのあとに続く危機的状況を生き延びるチャンスがはるかに多い。「誰とでも友だちになれる力」もそうである。言葉も通じない、習俗もまったく違うという環境に投じられた場合には、周囲の人たちから必要な情報を聴き出し、必要な支援を得るためには、この能力は他のどんな能力よりも生き延びる上では有用である。「学ぶ力」もそのような生き延びるために必須の能力の一つである。「生きる知恵と力」の重要な一つである。私はそう考えている。

「学ぶ力」は三つの単位から構成されている。

　第一は「自分の無知、無能についての自覚」である。自分が何かたいせつなことを知らないということを知っている。自分には何かたいせつなことができないということを知っている。自分が生き延びるために死活的に重要な知識や技能を自分は欠いているという切実な自覚、これが「学ぶ力」の最も重要な構成要素である。この自分の無知、無能の自覚だけが「学び」を起動させる。

よく「どういう人が武道を稽古するのですか？」と訊かれることがある。答えはシンプルである。「自分は弱いと思っている人」である。自分は強いと思っている人、実際に強い人は武道なんかやらない。というか、ほんとうに強い人は「強い」とか「弱い」ということに意味があるということさえ理解できないだろう。自分が捕食する餌に囲まれて暮らしているTーレックスに「もっと強くなりたいですか？」と訊いても、「は？」という顔をされるだけだろう。『強い』って、それどういう意味？」と訊き返されるかもしれない（爬虫類だから人語は語らないだろうけれど）。「強くなりたい」というのは、自分の弱さを自覚している生き物だけに兆す欲望である。

「学力のある人」もそれと同じである。学力がある人とは、「自分が知らないこと、自分にできないこと」の長大なリストを作ることに深い関心のある人のことである。

だから、「学力のある人」は図書館が好きだ。そこにゆくと静かな環境で、集中的に勉強できるからではない。そこにゆくと、どこまでも続く本棚があって、そこに「自分が読んだことのない本」が並んでいるからである。その背表紙を眺めているうちに、しみじみ自分の無知を思い知る。でも、それは決して苦痛ではない。むしろ、頭の中を涼風が吹き抜けるような気がして、気持ちが晴れやかになる……というのが学力のある人である。

学ぶ力を構成する第二の要素は、「師に出会う力」である。いくら学びたくても先達がいなければ始まらない。もちろん、最初のうちは独学でも構わない。だが、独学には致命的な欠点がある。

それは学びが「注文に基づいて（on demand）」でしか行われないことである。

自分が学びたいことがある。だから、それを学ぶ。それのどこが悪いのか？　と思う人がいるかもしれない。自分が学びたいことを学ぶというのは、いわばレストランに行って、メニューを見て、その中から自分が食べたことのない食べ物を選ぶようなものである。食べたことのないものを食べるわけだから、もちろん知見は広がる。でも、できあいのメニューから選ぶことしかできない。レストランだって、選ぶのは自分である。イタリアンに行くか、中華に行くか、蕎麦屋に行くか、決めるのは自分である。

師に就くというのは、レストランに行って、メニューにあるものを食べるのと全然違うことである。いきなり「おい、行くよ」と言われて、どこに行くのかわからないままに師のあとについてゆく。知らないところに連れていかれて、「さ、これを食べなさい」とお皿を差し出される。「これ、何ですか？」と訊いても「いいから食べなさい」と言われるだけなので、食べるしかない。生まれてから一度も味わったことのない不思議な味がする。そういうことを繰り返しているうちに、だんだん味が決まってきて、その食べ物を「美味しい」と感じるようになり、その食べ物のせいで身体に変化が起きているのがわかる……それが師に就くということである。

師に就くことで私たちは、「注文に基づいて」ではなく、「図らずも（by accident）」なにごとかを経験する。学ぶ側には、学びの工程表とかマップとかは事前にいっさい開示されない。自分がどこに向かっているのか教えてもらえない。仕方がない。教えても仕方がないのだから。弟子がその名も知らないようなところが目的地であって、それがどれくらい遠いのか、そこに到達するのにどれくらいの時間がかかるのかについて、弟子はそれを計れるような「度量衡」をまだ持っていないのである。だったら、教えても仕方がない。

それでも、前を行く師の足取りは確信に満ちている。だから、黙ってついてゆく。師は時々振り返って、弟子がちゃんとついてきているかどうか確かめる。ついてきているとわかったら、また歩き始める。

それが師に就いて学ぶということである。そういう師を探さなければならない。これは難しい仕事である。なにしろ、自分が何を学ぶのかよくわからないことについての専門家を探すのである。でも、不思議なことにそれができる人がいる。「学力のある人」にはそれができる。

ときどき、ものを習うときに、「自分はそれほど真剣に学ぶ気はないし、才能もないので、自分にふさわしい二流、三流の先生でいい」というようなことを言走る人がいる。こういうことを言ってはいけない。自分が習うこと、自分がまったく白紙の状態であるはずの学問や技芸について、専門家の一流、二流が判定できると思っている人は、自分がこれから学ぶことについても、「だいたいの予備知識はある」「何が到達目標であるかをすでに知っている」「師に対してどの程度の代価や敬意を払うべきかわかっている」と思っている。これほど学びから遠い態度はない。これが学力のない人である。

師を探すのはたいへんな仕事である。時間も手間もかかる。あることを学ぼうと決意してから、師に出会うまで何年もかかることもある。生涯かけて探したが、ついに出会えなかったという人もいるだろう。

私はさいわいずいぶん若いときに多田宏先生に出会って、その弟子となって師に仕えるようになってすでに四五年を越えた。生涯そのあとについてゆくことのできる師に出会えたというのは私の「武運」である。これは身体能力よりもはるかに武道家としては重要なことだと思う。

「師と出会う力」は学力を構成する三つの力のうちで、最も偶然に左右されやすい要素である。だが、「私は結局、いい師に出会うことができなかった」と愚痴を言う人の多くは、実は「出会っているのに、気づかなかった」のである。

武芸修業者が伝説的な達人に一手教えを乞おうとして山中に分け入ると、そこに「ぼけ老人」がいて、道を訊いてもさっぱり要領を得ない。腹を立てると、実はその「ぼけ老人」こそが名人で……という逸話がよくある。腹を立てて老人に罵声を浴びせた武芸者はそれでご縁がなくなるが、老人が抱える重そうな荷物を見て、「おじいさん、その荷物、僕が運んであげましょうか？」と言って草庵までついていった若者は、そこでお茶なんか出されて、気がついたら名人に弟子入りしていた……というような展開になるのである（そう言えば、『スター・ウォーズ』でルーク・スカイウォーカーが師ヨーダに出会う場面もそんな話だった）。

これはなかなか「師を探す力」の消息を伝えて妙趣のある寓話《ぐうわ》である。自分が求めている師について、あれこれと実定的な条件をあらかじめ用意しておいて、その「手配書」みたいなものを手にして師を探しにゆく者は師に出会うことができない。逆に、師に巡り合うべき者は、気がついたら師に出会っている。「気がついたら」というところが肝要である。

「師に就く」というのは、わが身に起きる出来事なのであるけれども、自分では、いつどこで誰に出会うのかをコントロールすることができない。師との出会いはつねに「図らずも」起きるのである。だから、師との出会いを待望する者は、誰に出会っても、「もしかするとこの人が私の探す師であるかもしれない……」と思って、そうであってもいいように、オープンマインドで日々を過ごしている。

そして「学ぶ力」を構成する第三の要素は、「師に教える気にさせる」ということである。学びが起動し、先生に出会った。ここまではうまくいった。「学びたい。教えてください」というところまでは来た。でも、次がある。これが難関である。「師に教える気にさせる」という最後のハードルがある。師といえども、すべての人に等しく教えを分かち与えるわけではない。「この人になら、教えてもいいかな……」という気分になってもらわなければならない。

別にそれほど難しい話ではない。師弟関係が成立するためにはただ一言があればよい（口に出さなくてもいい）。それは「あなたはそうすることによって何をしようとしているのですか？」と問うことである。

秦末の武芸家張良《ちょうりょう》と黄石公《こうせきこう》との交渉を描いた『史記』の逸話を日本人はよほど気に入ったらし

く、能楽『鞍馬天狗』、『張良』という二曲がこの師弟関係に取材している。

こんな話である。

祖国韓を秦によって滅ぼされた張良は復讐を誓い、始皇帝を巡幸の途中で襲うが暗殺に失敗して逃れる。その旅の途中、張良は黄石公と称する汚い服を着た老人に出会う。この老人が太公望の兵法を授けるというので、張良はその弟子になるのだが、いつまで待っても何も教えてくれない。ある日馬に乗った黄石公に行き合う。黄石公は左の沓《くつ》を落とす。そして張良に「拾って履《は》かせよ」と命じる。張良はちょっとむかっとするのだが、黙って拾って履かせた。その後また馬上の黄石公と行き合うと、今度は左右の沓を落とす。「拾って履かせよ」と命じられた張良はまたもちょっとむかっとするのだが、「一大事を相伝する上は」我慢が肝心と沓を拾って履かせる。すると「履かせけるにぞ心解け兵法の奥義を伝えける」（『鞍馬天狗』）と太公望兵法の相伝が瞬時に果たされる。

『史記』の逸話は少し細部が違うが、要するに「汚い着物を着たおいぼれ」が弟子入りした若者にあれこれわがままを言うのだけれど、弟子が「なんかむかつく」と思いながらも、黙って言いつけに従っていたら、「心解け」て豁然《かつぜん》と大悟《だいご》する……という話の大筋は同じである。

沓を履かせた瞬間に相伝されたわけであるから、「太公望の兵法」なるものが実定的な知識や情報であったということはあり得ない。では、このときに何が起きたのか？

最初の出会いで黄石公は左の沓を落とした、二度目の出会いでは左右の沓を落とした。最初は偶然だったかもしれない。けれども、二度目は偶然ではない。これは何かの「シグナル」である。張良はそう直感した。そして、張良と黄石公の間には「太公望の兵法の伝授」以外の関係がないのだから、このふたつの動作はそれについての暗号で書かれたメッセージに違いない。張良はそう推論した。そして、こんな問いが脳裏を走った。「あなたはそうすることによって何をしたいのか？」「あなたはそうすることによって何をしようとしているのですか？」これはジャック・ラカンが「子どもの問い」と呼んだものである。この問いを発したときに、子どもは「一見ランダムに見える事象の背後にはある美しい数理的な秩序が存在する」ということを直感している。左の沓を落とすという現象と、左右の沓を落とすという現象は一見ランダムに見えるけれども、それは「解釈せよ」という命令を張良に告げている。この偶然のように見える事象の背後には、師からの体系的なメッセージが隠されている。それを読み出すのが自分に与えられた課題なのだ、と思ったときに人は弟子になる。

そして、弟子のポジションを取ったときに、知性が起動する。

知性の起動はつねにこの問いに駆動される。この「美しい数理的秩序」のことを宗教者は「摂理」と呼び、科学者は「法則」と呼ぶ。どちらにしてもそのようなものがなくては済まされないという直感に基づいて人間の知性は動き始める。

「子どもの問い」を発すること、それが師匠が「教える気になる」ための条件である。

「先生は私にそれを教えることによって、何を教えようとしているのですか？」という問いを師に向けたときに、弟子は終わりなき学びへの旅程を歩み始める。

この問いに師が「最終的解答」を与えて、弟子が「なるほど、そうでしたか。いや、これで長年の疑問が解けました」と言ってほっと一安心するということは絶対に起きない。

　師はいつもただ「酒を注げ」とか「アンパンを買ってこい」とか、「沓を履かせよ」に類することを言うだけである。そして、弟子はそのつど「先生は私にこれをさせることによって、何をさせようとしているのだろう？」という終わりなき問いを自分に向ける。そして、その終わりなき問いの答えを求めている限り、弟子はどこまでも成長を続けることができる。「学び」とはこの開放性のことである。

能楽と武芸と鎌倉仏教

平安末期から室町時代にかけて能楽と武芸と鎌倉仏教が完成した。それらは日本列島でその時期に起きた大規模なパラダイムシフトの相異なる三つの相であるという仮説に私はしばらく前から取り憑かれている。

　武道と能楽と鎌倉仏教を同列に論ずる人が私の他にいるかどうか知らない。たぶんいないと思う。私の鎌倉仏教についての理解は、そのほとんどが鈴木《すずき》大拙《だいせつ》の『日本的霊性』からの請け売りだが、武道と能楽については自分の身体実感に基づいている。

身体は脳よりも自由である。だから、ふつうはあまり結びつけられないものについても、「これって『あれ』じゃない？」という気づき方をすることがある。武道と能楽と鎌倉仏教が「同一のパラダイムシフトの三つの相」だという直感も、頭で考えたものではなくて、身体が勝手に気づいたことである。

居合の稽古中に、剣の操作について説明しているときに、能楽の「すり足」の術理に思い至り、それが鈴木大拙の『日本的霊性』の中の鎌倉仏教についての説明につながって、「ああ、そういうことなのか」と腑に落ちたのである。などという説明ではどなたにも意味がわからないはずなので、順を追って話すことにする。

薩摩示現流の流祖に東郷重位《しげかた》という人がいた。城下に野犬が出て人々が困っているという話を聞きつけて、重位の息子が友人と連れ立って野犬を斬りに行った。何十匹か斬り殺してから家に戻り、刀の手入れをしながら、「あれだけ野犬を斬ったが、一度も切先が地面に触れなかった」と剣をたくみに制御できたおのれの腕前を友に誇ったら、隣室で息子たちの会話を聞いていた東郷重位が聞き咎めて、「切先が地面に触れなかったことなど誇ってはならない」と言って、「斬るとはこういうことだ」と脇差で目の前にあった碁盤を両断し、畳を両断し、根太《ねだ》まで切り下ろしてみせた。

私の合気道の師である多田宏先生は稽古で剣を使うときにはまずこの話をされる。剣技の本質をまっすぐに衝いた逸話だということなのだと思う。重位が息子に教えたのは剣技とは「自分の持つ力を発揮する」技術ではなく、むしろ「外部から到来する、制御できない力に自分の身体を捧げる」技術だということである。

剣というのは、扱ってみるとわかるが、手の延長として便利に使える刃物のことではない。そうではなくて、剣を手にすると自分の身体が調うのである。私が剣を扱うというよりむしろ剣が私を「あるべきかたち」へ導くのである。

「身体が調う」「身体がまとまる」というのが剣を擬したときの体感である。ひとりではできないことが剣を手にしたことでできるようになる。構えが決まると足裏から大きな力が身体の中に流れ込んで来て、それが刀身を通って、剣尖《けんせん》からほとばしり出るような感じがすることがある。そのとき人間は剣を制御する「主体」ではもはやなく、ある野生の力の通り道になっている。

東郷重位は「斬るとはこういうことだ」と言って、地面に深々と斬り込むほどの剣勢を示してみせたが、人間の筋力を以てしては木製の碁盤を斬ることはできない。むろん鉄製の甲冑を斬ることもできない。できないはずである。でも、それができる人がいる。それらの剣聖たちの逸話が教えるのは、彼らは「人間の力」を使っていなかったということである。

解剖学的にも生理学的にも人間には出せるはずのない力を発動する技術がある。良導体となって野生の力を人間の世界に発現する技術がある。それが武芸である。今のところ私はそのように理解している。

それが能楽とどうつながるのか。

古代に「海部《あまべ》」「飼部《うまかいべ》」という職能民がいた。「海部」は操船の技術、飼部は騎乗の技術を以て天皇に仕えた。それぞれ「風と水の力」「野生獣の力」という自然エネルギーを人間にとって有用なものに変換する技術に熟達していた人々である。このふたつの職能民がヘゲモニーを争って、最終的に「騎馬武者」が「海民」に勝利したのが源平合戦である。

　この戦いで、騎馬武者たちは馬の野生の力をただ高速移動のために利用しただけでなく、「人馬一体」となることで人間単独では引くことのできぬほどの強弓を引き、人間単独では操作することのできないほど重く長い槍を振り回してみせた。

　那須与《なすのよ》一《いち》が屋《や》島《しま》の戦いで船に掲げられた扇を射抜いた話は広く知られているが、与一はこのとき騎射をしている。的は揺れる船の上にある。砂浜に立って静止して射る方が精度が高いのではないかと私は思っていたが、たぶんそうではないのだ。騎射するとき、乗り手は馬の筋肉をおのれのそれと連結させて、人間単体にはできないことをし遂げる。だから騎射の方が強度も精度も高いのである。そのような技術の到達点を那須与一は示したのである。

　他にも、源氏の側の軍功にはその卓越した「野生獣の制御技術」にかかわるものが多い。義経は難所鵯越《ひよどりごえ》を騎馬で下り、木曾義仲は倶利伽羅《くりから》峠の戦いで数百頭の牛を平家の陣に放った。

　それも源平の戦いが、海民と騎手が「自然力の制御技術」の強さと巧みさを競ったのだと考えると筋が通る。戦いは「野生獣のエネルギーを御する一族」が「風と水のエネルギーを御する一族」を滅ぼして終わった。けれども、能楽にはこのとき敗れ去った海民の文化を惜しむ心情がゆたかに伏流している。

古代に演芸を伝えた職能民たちは「獣の力」よりもむしろ「風と水の力」に親しみを感じる海民の系譜に連なっていたのではあるまいか。海幸彦・山幸彦の神話でも、戦いに敗れ、おのれの敗北のさまを繰り返し演じてみせる「俳優《わざおぎ》」の祖となったのは漁《すなどり》を業とする海幸彦の方である。

今さら言うまでもなく、能楽には『敦盛』『清経《きよつね》』『船弁慶《ふなべんけい》』をはじめ『平家物語』の平家方に取材した曲の方が多い。そればかりか龍神・水神が水しぶきを上げて舞い（『竹生島《ちくぶしま》』『岩船《いわふね》』）、船が海を勇壮に進む情景を叙し（『高砂』）、海浜の風景や松籟《しょうらい》の音を好む（『松風』『弱法師《よろぼし》』）。ここにかつて「風と水のエネルギー」を御して列島に覇を唱えた一族への挽歌を読むのはそれほど無《む》稽《けい》な想像ではないのではないか。

「飼部」が体系化した「弓馬の道」はわれわれの修業している武芸のおおもとのかたちである。それは野生の力と親しみ、身を調えて、その力を受け入れ、わが身をいわば「供物《そなえもの》」として捧げることでその強大な力を発動させる技法である。

能楽に通じた人なら、この定義がシテに求められている資質ときわめて近いことに気づくはずである。

能楽は起源においては呪術的な儀礼であった。その断片は今日でも『翁《おきな》』や『三番《さんば》叟《そう》』に残っている。シャーマンがトランス状態に入って、神霊・死霊を呼び寄せ、彼らにその恨みや悲しみを語らせ、その物語を観衆たちともども歌い、舞い、集団的なカタルシスとして経験することで「災いをなすもの、祟《たた》りをなすもの」を鎮める。おそらくはそのようなものであったはずである。

起源的に言えば、シテは巫覡《ふげき》であり、祭司である。おのれの「自我」を一時的に停止させ、その身を神霊に委ねる。ただ、その巨大なエネルギーは能舞台という定型化された空間に封じ込められ、美的表象として限定的に発露することしか許されない。それが舞台からはみ出して、人間の世界に入り込まないように、人間の世界と神霊の世界を切り分ける境界線については、いくつもの約束事が能楽には定められている。

例えば、シテは舞い納めて橋懸《はしが》かりから鏡の間に入るとき、自分で足を止めてはならない。後見に止められるまで歩き続ける。それはあたかもシテに取り憑いた神霊が、後見が身体を止めた瞬間に、そのまま惰性で身体から抜け出すのを支援するかのような動作である。あるいは演能中にシテが意識を失ったり、急な発作で倒れたりした場合も舞台は止めてはならない。後見はシテを切り戸口から引き出した後、シテに代わって最後まで舞い納めて、舞台におろした霊を再び「上げる」責任がある。

私が何より能楽の際立った特徴だと見なすのは「すり足」である。「すり足」の起源については諸説あるが、温帯モンスーン地帯で泥濘《でいねい》の中を歩むという自然条件が要求したごく合理的な歩行法であるという武智鉄二説には十分な説得力がある。膝をゆるめ、股関節の可動域をひろく取り、足裏全体に荷重を散らし、そっと滑るように泥濘の上を歩む。たしかにヨーロッパ人が石畳を踵から打ち下ろすような仕方で泥濘を歩めば、脚を泥にとられ、身動きならなくなるだろう。しかし、「すり足」を要求したのは、そのような物理的理由だけにはとどまらないのではないかと私は思う。

温帯モンスーンの湿潤な気候と生い茂る照葉樹林という豊穣で宥和的な生態学的環境は、そこに住む人々にある種の身体運用の傾向を作り出しはしなかったであろうか。「すり足」は言い方を換えれば、足裏の感度を最大化して、地面とのゆるやかな、親しみ深い交流を享受する歩行法である。そうやって触れる大地は、そこに種を蒔くと、収穫のときには豊かな収穫をもたらす贈与者である。列島における私たちの祖先たちは、その泥濘の上を一歩進むごとに、おのれを養うものと触れ合っていた。贈与者との直接的な触れ合いを足裏から伝わる湿気や粘り気から感じ取っていたはずである。おのれを養う、贈与者たる大地との一歩ごとの接触という宗教的な感覚が身体運用に影響しないはずがない。

能楽には「拍子を踏む」という動作がある。強く踏みならす場合もあるし、かたちだけで音を立てない場合もあるが、いずれにせよ地霊への挨拶であることに違いはない。

土地の神を安んじ鎮めるために盃にたたえた酒を地面に振り注ぐ儀礼は古代中国では「興」と呼ばれたと白川静《しらかわしずか》は書いているが、それは「地鎮」儀礼として現代日本にも残っている。酒を注ぐと地霊は目覚める。そして、儀礼を行った人間の思いに応えて、祝福をなす。この信憑は稲作文化圏には広くゆきわたっているものであろう。

足拍子は、神社の拝殿で鈴や鰐口《わにぐち》を鳴らすのと同じく、地霊を呼び起こすための合図であったのだと思う。それは逆から言えば、足拍子を踏むとき以外、人間は地霊が目覚めぬように、静かに、音を立てず、震動を起こさぬように、滑るように地面を歩まねばならぬという身体運用上の「しばり」をも意味している。「すり足」とはこの地霊・地祇《ちぎ》の住まいする大地との慎み深い交流を、かたちとして示したものではあるまいか。一歩進むごとに大地との親しみを味わい、自然の恵みへの感謝を告げ、ときには大地からの祝福を促すような歩き方を、日本列島の住民たちはその自然との固有なかかわり方の中で選択したのではあるまいか。

私が「すり足」に特にこだわるのは、この「すり足」的メンタリティから鎌倉仏教が生まれたというのが鈴木大拙の「日本的霊性」仮説の核心的な命題だからである。

大拙はその『日本的霊性』において、古代においても、平安時代においても、日本人はまだ宗教を自前で作り出すほどの霊的成熟には達していなかったと書いている。日本において本格的に宗教が成立するのは鎌倉時代、親鸞を以て嚆矢《こうし》とする、というのが大拙の説である。その親鸞も京都で教理を学問として学んでいたときには宗教の本質にいまだ触れ得ていない。親鸞が日本的霊性の覚醒を経験するのは大地との触れ合いを通じてである。

「人間は大地において自然と人間との交錯を経験する。人間はその力を大地に加えて農産物の収穫に努める。大地は人間の力に応じてこれを助ける。人間の力に誠がなければ大地は協力せぬ。誠が深ければ深いだけ大地はこれを助ける。（……）大地は詐《いつわ》らぬ、欺かぬ、またごまかされぬ。」（鈴木大拙、『日本的霊性』、岩波文庫、一九七二年、四四頁）

「それゆえ宗教は、親しく大地の上に起臥する人間——即ち農民の中から出るときに、最も真実性をもつ。」（同書、四五頁）

大宮人たちの都会文化は洗練されてはいたが、「自然との交錯」がなかった。『方丈記』に記すように、「京のならひなに事につけても、みなもとは田舎をこそたのめる」のが都会文化の実相である。都会には「なまもの」がない。加工され、人為の手垢のついた商品しかない。そして、大拙によれば、自然との交流のないところに宗教は生まれない。

「大地を通さねばならぬ。大地を通すというのは、大地と人間の感応道交の在るところを通すとの義である。」（同書、四五頁）

だから、都市貴族は没落し、農村を拠点とする武士が勃興する必然性があったと大拙は説く。

「平安文化はどうしても大地からの文化に置き換えられねばならなかった。その大地を代表したものは、地方に地盤をもつ、直接農民と交渉していた武士である。それゆえ大宮人は、どうしても武家の門前に屈伏すべきであった。武家に武力という物理的・勢力的なものがあったがためでない。彼らの脚跟《きやつこん》が、深く地中に食い込んでいたからである。歴史家は、これを経済力と物質力（または腕力）と言うかもしれぬ。しかし自分は、大地の霊と言う。」（同書、四九頁、強調は内田）

流刑以後、関東でひとりの田夫として生きた親鸞は「大地の霊」との出会いを通じて一種の回心を経験した。「深く地中に食い込む脚跟」の、その素足の足裏から、大地から送られる巨大な野生の力、無尽蔵の生成と贈与の力が流れ込んでくるのを経験した。そのような力動的・生成的な超越者が切迫してくるのを感知したとき、日本的霊性は誕生した。大拙はそう仮説している。

「大地の霊」との霊的交流、能楽の誕生、武芸の体系化とは平安末期から鎌倉時代にかけてのおよそ二百年の間に果たされた。この三つの出来事はこの時代に列島住民が経験したある地殻変動的な変化の三つの相である。これ以外にもこのパラダイムシフトが別のかたちで露頭した文化現象があると思うけれども、私の思弁がたどりついたのはとりあえずここまでである。

（二〇一六年一二月二四日）

言語の生成と武道

どれくらい本を書いたのか、もう数えていない。本を出し始めてから一〇年ちょっとで一〇〇冊以上書いたはずである。

ときどき「ゴーストライターがいるの？」と訊かれる。そんなものはいない。いるわけがない。誰かに「下書き」をしてもらって、それをちょいちょいとリタッチしたら一冊出来上がりということはこの業界にはたしかに実際にある。私もそういうやり方で本を作らないかとオファーされたことがある。もちろんお断りした。私にとって「書く」というのは、「まだ言葉にならないこと」を言葉にする位相転換の作業のことであって、そこが一番楽しいのである。一番楽しいプロセスを誰か他人に任せるということはあり得ない。そもそも私の中で「まだ言葉にならなくて、じたばたしている星雲状態のアイディア」が他人にわかるはずがない。私自身にだって自分が何を考えているのだかよくわかっていないのだから。

だから、言いたいことを全部書き終わってすっきりするということは絶対に起こらない。何を書いても、言い足りないか、言い過ぎたかどちらかである。だから、言い足りないところを言い足し、言い過ぎたところを刈り込んでゆく。終わりがない。

今こうして書いていることも、前に似たようなことを何度も書いていることを言葉を替えて語っているだけなのである。だから、「似たような話を前も読んだぞ」といらつく読者もおられるかもしれないけれど、それは我慢してもらうしかない。こちらだってどうしようもないのである。一度書いて、「言いたいことを書き切った」という達成感があれば、そのトピックについてはもう書き足すことはないだろうが、そんなことは起こらないのである。いくら言い換えても、書き切るということができない。

私が今書こうとしているのは原理的には「私の理解を超えること」である。「私の理解を超えること」を私の手持ちの語彙の中に落とし込もうとしているのである。川の流れをコップで汲み尽くすようなものである。汲み尽くせるはずがない。私の中で「言葉になること」を求めているアイディア」は私にとって未知のものである。それを知っているふりをしても仕方がない。他人は騙《だま》せても、自分は騙せない。

自分には理解できないアイディアを自分に理解できる言葉に置き換えることなどできるのか?と疑念を持たれる方もいると思う。これは「できる」。私はその訓練を長く翻訳を通じて行ってきたように思う。

エマニュエル・レヴィナスの翻訳を始めたときに、私はレヴィナスが何を言いたいのか、ほとんどわからなかった。わかる箇所の方が少なかった。それでも、この理解を絶した哲学者の言葉を自分の言葉に置き換えるようになりたいと思った。レヴィナスの書いていることが理解できないのは、単に私に哲学史的知識やフランス語読解力が欠けているからだけではなく（どちらもかなり欠けていたのであるが）、それ以上に、私が未熟な人間だからであるということはわかった。だから、人間的にもっと成長しなければレヴィナスは理解できないということは直感的にわかった。だから、翻訳という作業は私にとっては語学運用能力という知的な問題というよりは、もっと全体的な、私の人間的成熟にかかわる問題だったのである。

終日レヴィナスのテクストと向き合い、ひたすら日本語に置き換えてゆくという作業を東京都立大学の院生、助手をしていた時期から神戸女学院に職を得て移るまでの一九八〇年代の一〇年間近くほぼ毎日続けていた。その同じ時期、私はほぼ週に四日から五日のペースで合気道自由が丘道場に通っていた。昼間はレヴィナスを訳し、日が傾く頃になると道場に行って稽古するという判で捺した生活をしていた。そして、本の中でレヴィナスが書いていることと、道場で多田先生が言われていることはどこか深いところでつながっていると確信していた。私という同じひとりの人間が、同じような熱情をこめて行っていることである、いずれも生きる知恵と力にかかわる教えである。それがまるで違うものであっては私の立つ瀬がない。

その時期に、言葉の生成と、武道の修業は構造的には同じようなプロセスなのではないかということを考えた。

武道修業には目に見える目標、数値的・外形的に示すことのできる目標はない。一〇〇メートルをあと一秒速く走るとか、上腕二頭筋をあと一センチ太くするとか、ランキングの何位になるかとか、数値的に計量化できる目標は武道には存在しない。競技武道の場合だと「……大会で優勝する」というような目標を掲げる人がいるだろうけれど、それは目標ではない。あくまで手段である。そういう目標を掲げた方が、掲げないよりも質の高い稽古ができるという経験知がそういう「方便」を選択させているのである。

実際には、私たちが武道の稽古をしているときには、今自分がしているこの稽古が何のためのものなのか、当人はよくわかっていない。わからないままにやっているのである。自分が今している稽古の意味は事後的にしかわからない。というのも、修業の成果というのはもっぱら「自分の身体にそんな部位があるとは知らなかった部位を感知できるようになる」「自分の身体がそんなふうに動くとは知らなかった動かし方ができるようになる」というかたちで現れるからである。自分の身体の、それまで身体部位として分節されたことのなかった部位や働きが立ち現れる。記号的に分節されていなかったものが記号として立ち上がる。稽古を始める前には「そんな部位」や「そんな機能」がこの世に存在することさえ知らなかった部位を操作し、機能を制御することができるようになっていることに後から気がつく。だから、それを稽古に先立って目標を掲げることができるはずもない。

それは子どもが大人になるプロセスとよく似ている。

子どもが「大人になる」ということを目標に掲げて、自己《じこ》陶冶《とうや》に励むというのはたいへん結構なことである。けれども、子どもは「大人」というのはどういうものかわかっていない（それがわかっていないから「子ども」なのである）。それにもかかわらず、子どもは大人になろうと努力する。そして、いろいろな経験を積んだあと、いつの間にか大人になっていることに気づく。かつての自分のふるまいや考え方を振り返って、それがあまりに「未熟」だったことを知って、深く恥じ入ることになる。

「大人になること」は子どもが生きる上での目標である。けれども、子どもは大人とはどういうものなのか、どうすればなれるのかを知らない。

しかし、大人というのは何であるかを知らなくても大人になることはできる。これが成熟というプロセスの玄妙なところである。

大人になるというのは事前に計画を立てて、工程表をつくって、日々の努力の成果を数値的に考量できるようなものではない。「オレ、今日は昨日より3ポイント大人になったぜ」というようなことは言えない。

武道の修業も同じである。修業の目標は「名人達人になること」である。これは透視図法における無限消失点のようなものである。名人達人の境位がほんとうのところどのようなものであるかを私たちは知らない。知るはずがない。でも、無限消失点がないと絵が描けないのと同じように、この永遠に達成されるはずのない目標を目標に掲げていないと、私たちは今ここでの稽古を進めることができない。子どもが大人というのが何であるかを知らないままに少しずつ成熟してゆくように、私たちもまた名人達人というものが何であるかを知らないままでも、それをめざして長い修業をすることはできる。

武道の修業では、自分が今どのような技術的課題を達成しようとして稽古しているのかを言葉にできるのは、いくぶんか稽古が進んで、その技術的課題に指先がかかった後である。何かをしてしまった後に、自分はいったい今何をしたのだろうと回顧して、おそらく「こういうこと」をしたのだろうと仮説を立てる。そして、門人たちに向かって、「こういうことをしなさい」とまるで何年も前からそんなことは熟知していたのだが、たまたま言う機会がなかったような顔をして教える。でも、仕方がない。そういうものなのだ。武道でもまた身体が先で、言葉が後なのである。

ただし、言葉で動きを指示する場合でも、身体部位を具体的に指示して、そこを何センチ、何度の角度で動かしなさいというような指示はしない。というのは、人間はある部位を精密に動かそうと意識すると、それ以外の部位をできるだけ動かさないようにするからである。部分をコントロールしようとすると、全体がオーバー・コントロールになる。

日常生活では、人間はそんなふうに意識的に身体を使うことはほとんどない。ペンを握るとか、箸を持つとか、キーボードを打つとか、包丁を握るとかの日常動作において、手指や手首や肘や肩の「正しい使い方」を意識するということを私たちはしない。意識したら、できない。というのは、そういう日常のほとんど筋骨を使わずにしている動作においても、私たちは重心の移動、腰の回転、腹腔の拡大収縮、肩甲骨の開閉、股関節の内旋外旋などなど無数の部位において、無数の細密な運動を同時並行的に、自動的に行っているからである。中枢的に統御するには変数が多すぎるのである。

だから、意識的に統御するためには変数を減らす必要がある。脳が演算処理できるところまで変数を減らす。それはできるだけ当該部位以外のところは常数にしておくということである。

それが「居着く」ということである。

脳が中枢的に統御できるような動作の指示はしない方がよい。指示すると、その動作に関連があると（本人が信じている）身体部位以外の部位が停止してしまうからである。

具体的なことは言わない。その代わり、比喩的な表現に訴える。比喩的というのは、「そこにないもの」を使って身体を動かすということである。

例えば、手に太い筆を持って、空間一杯に大きな円を描く。両手で太刀の柄を握って、横一文字に斬り払う。手に針と糸を持って、針の穴に糸を通す……そういう想像上の動作をしてもらう。そういう想像上の動作をしながら、相手を投げたり、固めたりするのである。実際には相手の手首を握るとしても、「手首を握る」とは考えずに、「そこにない刀の柄を握る」と想像してもらう。すると、動きが劇的に変わる。

あるときに、相手が手刀を袈裟斬りにこちらの頸動脈に斬り込んでくるのをかわす、という技を稽古していたことがあった。なかなかうまくゆかない。どうしても、相手の手刀を見て、それに応じてしまうのである。

これを「後手に回る」と言う。「相手がこうしてきたら、こうよけよう。こう反撃しよう」という発想をする限り、必ず後手に回る。

どうすれば後手に回らずに済むか。

理屈を言えば、それは相手の動きと無関係に自発的に動いているのだが、それが相手の動きをかわしたり、返したりする動きになっているという場合である。ふっとある動きがしたくなって、無意識的に動いてみたら、それが「当たり」だったという場合、それは後手に回っていないし、先手を取ったとも言われない。それは相手の有無とも、時間的な先後遅速ともかかわりのない動きだからである。

日本各地に妖怪「サトリ」の民話がある。サトリは猿や狸に似た野獣である。山中で人間のところに姿を現して、その心を読む。「今、『気味の悪い化け物が来た』と思ったな」「今、『早く帰ればいいのに』と思ったな」などとぴたぴたと言い当てるが、囲炉裏の焚き木が突然はねてサトリに当たり、思いもよらぬことが起きたというのであわてて逃げ出す……というお話である。サトリは人間の心を読んで、次の動作を予測することはできるが、ランダムに起きる現象を予知することはできない。これは武道における「先手」という概念を考えるときの手がかりになる。

「相手に先んじて動く」という枠組みにとどまる限り、身体が動き出すに先立って、その意図はすでに漏出し、相手に予知され、「起こり」を咎められる。「相手に先んじて動く」というスキームそのものが「後手に回る」ことを意味するのである。

「先手」とは、サトリにおける「焚き木」のような動きのことである。それは「相手の攻撃に先んじて攻撃する」ということではない。「相手」とか「先」とかいうスキームの外に立つことである。

　多田先生がよく使われる比喩を引けば「忘れていた人の名前をふっと思い出すときの感じ」である。忘れていた人の名前は思い出そうと力んでも思い出せない。でも、何かのはずみに、水底から気泡が湧き上がるように、ふっとフルネームが浮かぶ。それと似ている。相手の攻撃に応じたわけではなく、ふいに「水底から気泡が湧き上がるように」ある動作がしたくなったというのがよいのである。

　袈裟斬りをさばく動きがなかなかうまくゆかないので、どうしようかと思い悩んでいたときに、ふっと思いついたのは、「初雪の雪片が空から舞い降りてきたようなので、思わず手のひらを差し出した」という状況設定であった。相手の斬りのことはとりあえず忘れる。斬り込んでくる相手の斜め後ろくらいのところにひとひらの雪片が見えた（ような気がした）ので、雪片を受け止めようと、なにげなく手のひらを差し出す……という動きをしてもらったら、みごとに後手に回らずに斬りを制することができた。

　手のひらに触れた雪片を感知できるためには、まず手のひらの皮膚の感度を最大化しておかなければならない。わずかな感覚入力に反応できるためには、身体のどこにも力みやこわばりや緩みがあってはならない。そのような身体の状態を達成するためには「力みやこわばりや緩みのない身体を作れ」というふうに命令しても利かない。「緊張のない身体」を作ろうとして緊張するだけである。それよりは、別の仕事（それも失敗しようのない仕事）を託せばいいのである。雪なんか降っていないのだから、手を差し出しても、雪片を取りはぐれるということはない。でも、想像上の雪を求めて、手のひらの感度が最大化しているという状態は間違いなく達成できる。そのとき、どこにも力みもこわばりも緩みもない身体になっている。それが「強い身体」である。

何かの仮想的な動作をしてみる。そこにないものを探す。そこにないものに触れようとする。そこにないものを操作しようとする。そういう動きは止めることが難しい。

そこに現実に何かがあれば、誰かがそれに触れようとして伸ばした手を抑え込むことは簡単である。でも、そこにないものに触れようとしている手を抑え込むことは難しい。それがいったいどこをめざして、どういう種類の運動をしているのかわからないからである。目標物は一〇センチ先にあるのか、一メートル先なのか。指先で触れようとしているのか、手のひらで押そうとしているのか、握ろうとしているのか、回そうとしているのか、曲げようとしているのか、押し切ろうとしているのか、わからない。そういう動きの場合、コースを予測して、阻止したり、干渉したりすることは非常に難しい。

経験のある方がいるだろうけれど、ようやく二足歩行を覚え始めた幼児が向こうからよちよちと歩いて来るとき、その動線を避けるのは難しい。幼児がどこに向かって、どういう歩みをするつもりなのかわからないからである。避けたつもりで、気がついたら赤ちゃんにしっかり膝に抱きつかれて、身動きできなくなっていたことがあった。緩慢な動きでも、何をするつもりかわからない動きは容易にかわせないということをそのとき思い知った。

そのとき赤ちゃんはバランスを崩しかけて「何か」にしがみつこうとしていた。でも、そこには何もなかったので、仕方がなく手近にあった私の足にしがみついたのである。

赤ちゃんの動きは私の足をめざしていなかった。だから、ほんとうに緩慢な動作だったにもかかわらず、私は簡単につかまれてしまった。なるほど、そこにないものをめざす動きを予知したり、制したりすることはたいへんに難しいのだということがそのときにわかった。

そこに存在しないものにありありとしたリアリティを感じることのできる能力は「文学的想像力」と呼んでもいいかもしれない。

能舞台では、シテの関心がめざすものはしばしばそこには存在しない。『松風』の在原行平《ありわらのゆきひら》も、『隅田川』の梅若丸も、そこにはもういない。けれども、そこに存在しないものを中心に、人々は関係づけられ、劇的空間は構成される。人間の世界では、しばしば存在しないものによって、現実が変成される。その消息は武道においてもおそらく変わらない。

（二〇一六年一二月九日）

離見の見

観世流シテ方下川宣長先生に就いて能楽の稽古を始めて四半世紀が過ぎた。なにごとも始めたことは止めないたちなので、能楽もずいぶん一生懸命に稽古している。

能楽には仕舞、舞囃子、独吟、素謡《すうたい》などいろいろな上演形式があるが、シテとして一曲すべてを演じ切る形式を「能」と呼ぶ。ジャンルそのものの名前と上演形式の一つが同じ名前なので、混乱することがあるが、ふつう素人が「能を舞う」と言う場合は、面、装束をつけて、玄人のワキ方、狂言方、囃子方、地謡に囲まれて、シテを演じることを言う。素人がひとりだけプロのオーケストラにまじって、ピアノ・コンチェルトのピアノを弾くようなものである。「すべてをぶち壊しにしない」というのがとりあえずの目標であって、「いいところを見せる」というようなことは望む方が間違っている。

私は能をこれまで四番舞った。『土蜘蛛』、『羽衣』、『敦盛』、『船弁慶』である。

能の舞台を踏むというのは、まことに苛酷な経験である。私の社中では、一年前に曲が決まる。残り一年間、それだけを稽古をする。シテとして舞台に出るのはせいぜい一時間。その一時間の舞台のために一年間稽古をするのである。稽古場で稽古し、家でも稽古し、本番前には本番に使う能楽堂を何度か借りて、面、装束をつけて、ひとり稽古をする。

そのストレスフルな一年間を過ごして、当日を迎える。舞台はあっという間に終わる。その舞台で、詞章を忘れたり、道順を間違えると、一年間の努力が水泡に帰す。『敦盛』のときは観世宗家が後見についてくださったので、その緊張感は半端ではなかった。

でも、そういう緊張はときどき必要なのではないかと思う。素人がひとりで舞台に上がり、周りは全員玄人で、見所では何百人かの観客がじっと見つめている状況で、謡い、舞うのであるから、本番前は胃が痛むほど緊張するが、終わったときの解放感は言葉にならない。

能舞台で能を舞う過程で、素人がどのような技術的な困難に遭遇するか、そして、実際に能舞台に立ったときに何を経験するか。それについて少し話したい。

素人はまず「歩く」ということができない。ふだん現代人が歩いているような歩き方では、どうやっても型にならない。何とか能らしく歩けるようになるまで一〇年間ぐらいかかる。歩いても、歩いても、先生から、「それでいい」と言われることはない。「歩けていない」と言われ続けて一〇年目ぐらいに少し薄目が開いた。きっかけは舞囃子の舞台を踏んだときのことである。

素人はまず仕舞から始める。これは地謡がつくだけである。舞の手を間違えても、詞章をつっかえても、道順に多少の遅速があっても、後ろについているシテ方の先生がたがこちらに合わせてくれて、なんとか最後まで舞い切らせてくれる。その次に舞囃子。これは地謡の他に囃子方（大鼓《おおつづみ》、小鼓、笛、場合によって太鼓）がつく。人間の声ではなく、楽器に合わせて舞うので、その分だけ難度は高い。しかし、実際にやってみると、能舞台上では舞囃子はむしろ舞い易い。それは囃子が入ることで、能舞台上に厚みのある音響空間が出来上がるからである。

能では、「離見《りけん》の見《けん》」ということを言う。シテが自我から離れて、他者の視線で自分の舞や謡を観察する心得のことである。主観のことを「我見」と言う。我見に居着いてはならない。「うまく舞おう」、「いいところを見せよう」と思って舞台に立つとろくなことにはならない。どうすれば「我見を去る」ことができるのか。別に哲学的な話ではない。能において「離見」は純粋に技術上の課題である。

稽古していると、三間四方の能舞台はただの空間ではなく、無数の記号が行き交っていることがわかる。例えば、目付柱というものがある。能舞台のいわば中心である。この柱が能舞台空間にひとつの秩序を与えている。非常に強い吸引力を持っている。能舞台に立つと、自然に目付柱の方に身体が吸い寄せられてゆく。その対極に切戸口がある。目付柱を陽極とすると切戸口は陰極である。小さく、暗い穴が目付柱のほぼ対角線上に穿《うが》たれている。目付柱が陽根であるとすれば、切戸口は子宮口である。目付柱は陽のエネルギーを発散して、舞台空間を活性化する強い力を発揮する。切戸口もやはり陰のエネルギーの極として働いて、水が低きに流れるように、そこに引き込む力を発揮している。その陰陽の拮抗《きっこう》が舞台に緊張をもたらし、秩序を与え、舞台を宇宙論的に整えている。その舞台に地謡と囃子方が加わり、シテがいて、ワキ方がいて、作り物があり、それらがすべて能舞台空間をそれぞれの仕方で分節する。

だから、能舞台の空間へ踏み出すと、はっきりと物理的な何かが舞台上に行き交っていることが身体的に感知される。身体がある方向へ引きつけられたり、ある方向へ押し戻されたり、回転力を与えられたり、ある型をするように誘われたり、そういうことが起こる。

地鳴りのような地謡の響きが押し寄せて来ると、その波動はシテの皮膚にはっきり触れてくる。囃子方が囃子で激しく煽ってくると、身体もそのリズムに巻き込まれる。ワキ方が謡い出すと今度はワキ方のかたちづくる秩序に吸い寄せられる。三間四方の舞台の上のどこに、いつ立つかによって、空気の密度が変わり、粘り気が変わり、風向が変わる。

舞台に立つシテのする仕事は、その無数のシグナルが行き交う空間に立って、自分がいるべきときに、いるべきところにいて、なすべきことをなすということに尽くされる。シテは自分の意思で動くのではない。それは「我見」である。もちろん道順も所作もあらかじめ決められている。しかし、それは何もない空間で行われるわけではない。その道順以外にありえない道順をたどって、その所作以外にはありえない所作を、そのタイミング以外にありえないタイミングでなされるのである。すべてに必然性がある。主体の意志や欲望はシテの動きにも謡にも一切かかわりがあってはならない。能舞台が発するシグナルを適切に受信できれば、シテはいつ、どこに立って、どのような所作をなすべきなのかを舞台に教えてもらえるはずなのである。能というのはそういうものではないかということが稽古を始めて一〇年目くらいでぼんやりわかってきた。

それまでは、どうしても近代演劇からの連想で、能も一種の「自己表現」だと思っていたので、まず道順を覚えて、頭の中で指示を出して、それに従って身体を統御していた。目付柱のところへ行って、角取《すみと》りをして、左に回って、足をかけて、三足出て……というふうに脳内に描いた「下絵」をなぞっていった。でも、あるときから、そういうふうに「先取り」するのを止めた。ある場所に行ったら、決められた動作ではなく、そこで身体がしたがる動作をすることにした。そこでどんな動作を身体が求めて来るのかは、文脈によって決まっている。これ以外の動作はあり得ないという必然性のある動作がある。それなら、それをすればいい。

謡にしても次の謡の詞章を頭の中に思い浮かべて、それを読み上げるような謡い方をするのを止めた。こう謡ったら、次はどうしてもこう続かないと謡にならない。そういう音の流れがある。そうやって自動的に所作がなされ、謡が出てくるようになるまで、とにかくひたすら稽古する。舞台に出たら、もう何も考えないでも最後まで舞い通せるように、何十回も稽古する。舞台から送られてくるシグナルに従って動く。できるだけ受動的になる。何かが私の身体に触れて、こちらへ曲がれ、ここで止まれ、と指示してくれるのに従う。その感じは仕舞や舞囃子のときにはまだよくわからなかったけれども、能を舞うようになってわかってきた。

実際に装束を着け、面をつけると、その重みと不自由さで、自分の身体を主体的に統御することができなくなる。能が要求しているのは、周りから送られる幽《かす》かなシグナルを感知して、それに従うことができるような感受性の高い身体を創り上げることなのだということがそのときにわかった。能舞台「の上で」ではなく、能舞台「と共に」舞い、謡うのである。だから、その所作に必然性があれば、たとえシテが指一本わずかに動かすだけのことであっても、それによって能舞台全体がたわんだり、色調を変えたり、異界に変じたりすることがあり得る。

「幽玄」という能の言葉はふつうは美学的な意味で理解されるけれども、「幽玄」は文字通り「幽か」でかつ「暗い」ということではないか。微細で、輪郭の定かでないシグナルが能舞台の上には行き交い、渦巻いている。それを感知して、その指示に従う。能舞台では「自分が何をしたいか」ではなく、「何をするためにここにいるのか」を問う。他ならぬここで、他ならぬこのときに、他ならぬ私が余人を以ては代え難い唯一無二の行為をする。だとしたら、それはどのような行為でなければならないのか。それを問う。

これがたぶん中世の日本人が能楽を通じて習得しようとしていた技術ではないかと思う。

武道では「座を見る。機を見る」ことを重んじる。能楽が私たちに求めていることもまさにそれである。

（二〇一七年一月一二日）

同期する技術

体術の場合、ある身体部位が緊張すると、相手はすぐに反応して、そこを咎めてくる。いわば「これから、ここが動きますよ」と予告しているわけだから、当然そこを制される。

この予告のことを「起こり」と呼ぶ。

「起こり」は正確に言えば動作ではない。動作が始まる予兆である。まだ動き始めていないのだけれど、「これからこういう動きをする」ということが相手に先駆的に伝わる。まだ運動が始まっていないのだから、これを視覚的に認知することは非常に難しい（呼吸の変化や、体軸のずらしや、重心のわずかな移動が「見える」という人には可能だろうが）。

しかし、視覚的に認知できなくても、わかるときはわかる。それは人間には同期能力があるからである。

生物は同種の個体とともにあるときには、斉一的な動きを選好する。同期現象（シンクロニシティ）と呼ばれる。よく知られた同期現象には、蛍の集団発光や、親密な女性たちの集団での月経周期の同期がある。いずれも集団の生存戦略上有利であるので選択されたものと考えられている。

蛍の発光はオスの求愛行動であるが、これはたしかに集団発光した方が繁殖上有利である。というのは、ジャングルのような草木の繁茂するところでは単体が弱々しく発光してもメスに感知されないリスクがあるからである（だから、見晴らしのよい北米の牧草地では集団発光は見られない）。

人間の女性の場合、月経周期が同期すれば妊娠・出産が同期する確率も高まる。子育てや授乳を集団的に行う可能性も高まる。繁殖にかかわる同期現象は、種の保存という意味では、集団の全個体にとって有益である。

そして、同期現象は生物だけに起きているわけではない。

「ものごとを同期に向かわせる傾向は、原子から動物、あるいは人類から惑星にいたる広大な宇宙で、最も広範に見られる『動因』の一つである。」（スティーヴン・ストロガッツ、『SYNC　なぜ自然はシンクロしたがるのか』、長尾力訳、早川書房、二〇〇五年、二七頁）

　生物に見られる同期現象では、同期を誘発する個体と、それに影響されて同期させられる個体がいる。前者は「同期現象誘発者」と呼ばれる。女性の月経周期の同期においては、ある種のフェロモンを分泌する女性が「誘発者」になることがわかっている。匂いを媒介にして、ある種の化学的コミュニケーションが行われているのである。

　合気道のような武道においても当然、同期現象は起きている。そもそも「合気」という語はある種の同期現象のことを指していると私は考えている。他の同期現象においてそうであるように、合気でも「同期現象誘発者」と、それに影響されて「同期させられる者」がいる。「合気する者」と「合気される者」である。ただし、それはヒエラルヒーではないし、対立でもないし、強弱や勝敗とも違う。合気道はこの「同期現象誘発能力」の開発を重く見る武道だと私は理解している。

「起こりを取る」という表現がある。相手がこれから動き出そうとする機先を制して、その発動そのものを抑止したり、あるいは動きを制御したりすることである。「機先を制す」という言葉は誰でも知っているが、どうすれば機先を制することができるのか、これは考えるとなかなか難しい問題である。「起こりを取る」「機先を制する」というのは、相手がこれからこういう動きをするだろうと予測した上で、それをかわしたり、逸らしたり、捉えたりするということとは違う。情報を採取して、分析して、判断して、運動筋に適切な運動を指示する……というような手間ひまをかけていたのでは機先を制することはできない。相手がいつ、どう動くか「わかる」者だけしか機先を制することはできない。

機先を制することの消息を別の言葉では「石火《せっか》の機」とか「啐啄《そったく》の機」と呼ぶ。火打石を打つと火花が散る。石を打つ行為と火花が散る現象の間には間髪を容れる余地がない。だから、そこに因果・先後の関係があるようには見えない。それが「石火の機」である。

「啐啄」とは卵の内側から雛鳥が声を発し、外側から親鳥がつつくのが同期して、卵が割れて雛が孵《かえ》ることを言う。これは禅家の言葉である。師家と修業者の呼吸がぴたりと一致することを言う。

石火の機でも啐啄の機でも、同期現象が起きている以上、そこには間違いなく「同期現象誘発者」と「誘発されるもの」がいる。ただ、それが「誘発するもの」が先で、「誘発されるもの」が後という、時間的な因果・先後・遅速というかたちでは現れないということである。

時間的には同期するのである。

たしかに「啐啄の機」において、師家や親鳥は「イニシアティヴ」を執っている。でも、「イニシアティヴ」というのは、相手より時間的に先行して動くとか、相手がこれから行う動きについて「下絵」を描いて指示するとかいうことではない。師家が師家であるのは、弟子が悟りを得たからである。親鳥が親鳥であるのは、雛が孵ったからである。弟子が悟りを得る前に師は存在していないし、雛が孵るまで親は存在しない。人は弟子を育てたときに師になり、子どもを産んだときに親になる。師家と弟子、親鳥と雛鳥の両者はまさに同時的に生起するのである。同時的に生起するのであるが、それでもなお師家と親鳥はこの同期現象の「誘発者」なのである。武道において、「起こりを取る」「機先を制する」というのは、この師家・親鳥のポジションに立つことである。同期現象の誘発者になるということである。

では、この同期誘発能力はどのようにして開発し、統御することができるのか。これはある意味ではきわめて散文的で、技術的な問題である。蛍にでもできることなのであるから、人間にできないはずはない。別に小難しく考えることはない。これについての私の暫定的な仮説は次のようなものである。

すでに同期を果たしている個体は同期の誘発力が強い。

同期現象は「感染」するのである。蛍の集団発光でも、誘発者の周りから同期が始まってやがてそれが全体に広がる。局所的な同期が全体に「感染」する。

人間の場合、まず自己同期を達成するところから始める。人間といってもモノリスのように、均質的な単体で存在しているわけではない。人間の身体は、かたちも質も機能も異にする無数の単位から構成されている。まず、それらの異質なものを同期させるのである。

「身体を同期させる」というようなことをいきなり言っても「何の話かさっぱりわからん」という人がほとんどだろうから、ちゃんとご説明をしよう。

私が「なるほど、身体というのは同期するものだ」ということを実感したのは、観世流のシテ方の下川宜長先生に入門して、最初に先生の謡を聴いたときのことである。最初に先生は『鶴亀』という曲を一曲謡ってくださった。なんという不思議な発声法だろうとしみじみと思った。それまで能舞台で謡を聴いたことは何度もあった。でも、目の前で、一メートルほどの距離で謡を聴いたのは、それがはじめてだった。

　謡は声帯だけでなく、先生の身体のいろいろな部位から音を発して、周囲の空間を震わせていた。頭骨も、胸郭も、腹腔も、筋肉や骨までもが謡に参加していた。気管と骨と筋肉では固有震動数が異なる。だから、遅速の差が出るし、ピッチも違うし、音色も違う。ひとりの能楽師の身体から無数の音が響き出て、それが謡というものを構成するのだということをそのときに知った。「なるほど、謡というのは『一人オーケストラ』のようなものなのか」と思った。

　だから、それからの謡の稽古の技術的な目標はとりあえず一つだけはっきりした。それは発声に参加する身体部位の数を増やすということである。震動する部位を増やす。そう意識して稽古していると、たしかにだんだん謡に参加している音の種類が増えて来る。最初はわりと高音の、可聴周波数ぎりぎりくらいの微かな音が聴き取れるようになった。こんな音を自分は声帯とは違うところから出していたのかと少し驚いた。それからしだいに低周波の音が出るようになってきた。中音域で、声帯が出している音とは別の音がオブリガートをつけるように聴こえる「一人デュエット」状態までゆくと謡の質がずいぶん変わる。どう変わるかというと、謡に説得力が出てくるのである。

ひとりで謡っているわけではなく、複数の人間が謡っているように聴こえるのである。複数の人間が、同じ旋律を、同じリズムで、少しずつピッチや音色を変えながら謡っているように聴こえるのである。そうすると何が起きるか。その謡が「場の空気」を支配するようになるのである。衆寡《しゅうか》敵《てき》せず、多勢に無勢。相手の頭数が多いとつい気後れがするのと同じ心理機制である。会議のときに、どんな変わった動議を提出しても、他の誰かがすかさず「セコンドします」と挙手をすると、なんだかそれなりに傾聴に値する意見のように思えてくるのと同じである。

　謡の場合は身体部位のあちこちが一斉に「セコンドします」と言い出すのである。同じひとりの人間が出している音なのだから同じに決まっているのだが、そこに微妙にずれや遅速の差が出ると、もともと音源を異にするものが同期を果たしたという印象を与えるのである。

　自分の中にある複数の身体単位を制御して、それらを同期させることを仮に「自己同期」と呼ぶ。自己同期を果たしたものは「ローカルな同期現象の誘発者」というステイタスを確保する。そして、どのようなものであれ、ローカルな同期現象は全体化する傾向を持つ。

　もし合気道における「合気する」ということが「場を主宰すること」「活殺自在を得ること」であるとするならば、それは他の個体を同期現象のうちに巻き込むというかたちで成就するはずである。そして、他者を同期させるためには、まずおのれ自身のうちにおいて自己同期を果たすところから始める。

「調身、調息、調心」という言葉がある。身を調え、息を調え、心を調えることである。これが心身のさまざまな働きを一つの秩序のうちに調えることを指す言葉であるとするならば、それを「自己同期」と呼んでよいだろう。自己同期を果たした個体は、強い同期現象誘発力を発揮して、周囲の個体を同期に誘う。

私の合気道の師である多田宏先生はよく「オールド・バイオリンのような声で話すように」ということを言われる。イタリアの田舎に行くと、旧家には一七世紀、一八世紀という頃に制作された古いバイオリンが所蔵されているそうである。先生の亡き奥さまはバイオリニストだったので、そういう機会にバイオリンを手に取って弾かれることもあった。そういうバイオリンは決して大きな音は出ない。けれども、その音は石の壁を通して、染み通るように響き、ずっと遠くの部屋からでも聴こえるのだそうである。

必要なのは「大きな音」ではない。「届く音」である。多田先生はそれを武道の要諦として語られた。そのことと「場を主宰すること」の間の関連については、先生はそれ以上は説明されなかった。私は後年謡の稽古をするようになってから、「大きな声」と「届く声」がまったく別のものだということを身を以て味わった。そして、「届く声」を獲得するということが、そのまま能における謡の説得力につながることを学んだ。

説得力というのは、要するに、能舞台で起きている「イベント」のうちに見所の人々を巻き込む力のことである。

そのような力を発揮することを「場を主宰する」というふうに表現することが許されるのだとしたら、武道と能楽の稽古のめざしていることはきわめて近いということになる。能楽の型について武道との共通点を論ずる人は多いが、能楽の謡と武道の共通点を指摘した人のあることを私は寡聞《かぶん》にして知らないので、ここに備忘のために記すのである。

ノイズについて

武道では「座を見る、機を見る」ことがたいせつだということをこれまでも繰り返し書いてきた。「座を見る」というのは「適切な位置取りをする」ということである。「機を見る」とは「適切な頃合いを見計らう」ということである。そう書くと簡単な話のようだが、ここでいう「適切」というのは固定的なものではない。そのつど何が適切であるのかは変わる。自他のわずかな移動で、それぞれのわずかな身動きによって、何が適切であるかは一変する。座も機も孤立した単独の主体にかかわることがらではない。それは主体と他者の関係のうちで生起するのである。

能楽について書いた文章の中で、能舞台では、いつどこに立って、いかなる所作をすべきかを能舞台の空間を行き交うシグナルが教えてくれるということを述べた。武道でも同じである。無数のシグナルが武道的空間を行き交っている。正しいタイミングで、正しい動線をたどって、正しい所作をした場合に体感されるはずの生物としての愉悦と達成感を先駆的に感知できる個体が、「座を見る」もの、「機を見る」ものとなる。同期現象の誘発者とは、自分がこれから感知するはずの愉悦と達成感を（まだ感知していない段階で）リアルに感知できる能力を持つもののことである。時間を少しだけフライングして、未来の自分が味わっている体感を先取りできるもののことである。

わかりにくい話をして済まない。もう少していねいに説明しよう。

カタストロフ的な状況に陥ったときに、誘発者は際立つ。天変地異であれ、巨大な事故であれ、何が起きたかわからない、どうすればいいかもわからないという状況に陥ることが私たちの身には起きる。そういう場合でも「どうすればいいかわかる」人がいる。なぜか、そういう人は「こっちだ」と決然と進む道を示して自信を持って歩み出す。すると、多くの人はそのあとに従う。

東日本大震災のときに多くの人の命を救った公民館の館長の話を伺ったことがある。その公民館は高台にあって地域の避難所に指定されていた。地震のあと津波警報を受けて、地域の人たちがそこに集まって来た。でも、館長は「ここは危険だ」と感じて、避難してきた人々に向かいの小学校の校舎へ移動するように指示した。指示に従う人もいたし、従わない人もいた。小学校の校舎に着いたときに津波が来て、振り返ると公民館は水没していた。

この人は内陸部の出身だったので、津波がどういうものかについて経験的には何も知らなかったという。なぜ行政が指定した避難所が危険だと感じたのか、その理由は館長もわからなかったそうである。

こういう事例はさまざまな破局的状況で繰り返し起きていたと思う。その状況を生き延びた人は「無事」だったわけだから、それは「ニュース」にはならない。「死んだのはなぜか?」は問われるけれども「死ぬはずだったのだが、生き延びたのはなぜか?」は問われることがない。でも、武道的には後の問いの方がずっと重要なのである。

このあとわが身に危険が訪れるという予感がするとおそらくある種のノイズのようなものが感知されるのだと思う。実際に地震の前や火山の噴火の前には、動物たちが一斉に避難行動を取ることが知られている。彼らはどこに向かうのか?「ノイズが消える方向」に向かっているのだと思う。ある方向に向かうとノイズが相対的に小さくなる。耐えがたさがいくぶん緩和される。たどるべき動線をたどるとノイズが消える。これは能舞台で舞っているときの実感でもあるし、武道のさまざまな所作に際しての実感でもある。さらに言えば、今このような文章を書いているときの実感でもある。書いているときでも、間違った方向に進むと、スクラッチノイズのようなものがする。何かが「ひっかかる」。正しい方向に進んでいるときは、そういうことは起きない。無音、無抵抗である。文章を書いて推敲《すいこう》するときもそうだ。「ひっかかる」ものを削り、「段差」に梯子をかけ、「隙間」を埋める。読むという行為にできるだけ抵抗が生じないように、読みが滑らかに、シームレスに進行するように推敲する。それは「簡単に書く」ということではない。複雑で、わかりにくい話を書いているときこそ、わずかな「ひっかかり」で集中が途切れると読者は本を閉じてしまうから、徹底的にノイズを排さなければならない。

同期現象を誘発できるものはノイズを避け、滑らかな未来のうちに先駆的に踏み込むことができるもののことだというのが私の現段階での仮説である。また書き換えられることになると思うが、現段階ではこれが私にとっては一番納得のゆく仮説である。しばらくはこの仮説に従って稽古を進めてみる。間違っていれば、また直せばいい。

シリウスの高み

体罰は指導上効果的であると信じている人は多い。この確信はある程度まで本人の「成功体験」に根差している。たしかに、処罰の恐怖を通じて身体能力を上げるということは可能である。能力が発現するまで待っていられないというほどに切迫している場合には、多くの指導者は人間の心身を傷つけることを厭わない。暴力やマインドコントロールやドーピングはいずれも「もう時間がない。背に腹はかえられない」という場合に採用される。

「もう時間がない」ということが言えるのは、その身体能力を発揮すべき時間と場所が確定されているからである。五輪までにとか世界選手権までにとか県予選までにとか、いろいろあるが、要するに「タイムリミット」があるからこそ「もう時間がない」という言葉が出てくる。

武道の場合には、処罰の恐怖を利用して、修業者の身体能力を上げるという手は使えない。タイムリミットというものがないからである。あるとしたら「死ぬまでに」ということである。目標は「名人達人の境位に達する」である。そしてこの目標は無限消失点であって、具体的な目標ではない。そちらをめざして歩いて行って、どこかで前のめりに倒れて終わるということである。死ぬまで修業したけれどもついに名人達人になれなかったということは武道修業者にとっては少しも恥ずかしいことではないし、悔いが残ることでもない。修業者がめざすのは「シリウスの高み」であり、「シリウスに到着しなかった」と言って、オレの人生は無駄だったという修業者はいない。武道においては相対的な優劣勝敗巧拙は問われない。比較すべき対象があるとすれば、それは昨日の自分だけである。昨日の自分よりも少しでも変化があれば、どこがどう変わったのか、それをできるだけ精密に観察し、それが何を意味するのか深く思量する必要がある。けれども、他人とわが身を引き比べて、「自分の方が強い」とか「自分の方がうまい」とか「自分の方が勝つ」とかいうことを論《あげつら》っても意味がない。修業の途中で、技量未熟のときに危機的な状況に遭遇して、そこで傷を負ったり、失命したりしたとしても、それは「修業が足りなかった」というだけのことである。その平明な事実をただ粛々と受け入れるだけの話である。悲しむこともないし、悔いることもない。

武道というのは畢竟《ひっきょう》するに一生をかけて生きる知恵と力を涵養することである。この努力に終わりはない。「もう必要なだけの生きる知恵と力を手に入れたので、修業はおしまいです」ということはあり得ない。だから、同じ理屈で「いついつまでに、これこれのことができなければならない」という未来完了的な枠組みで修業の工程表をつくるということもできない。

スポーツ競技の場合は、生涯をかけて生きる知恵と力を高めるために訓練をしているわけではない。訓練は「特定の身体能力をある時点で最大化する」という枠組みで行われる。最大化すべき時間と場所があらかじめ定められている。だから、その時点にピークをもって来られるなら、そのあと足腰立たなくなっても構わない。極端な話、五輪で金メダルがとれるなら、それで身体が壊れて、二度と競技ができなくなっても構わないというマインドセットが許される。許されるばかりかしばしば「美談」として推奨されさえする。

私は良い悪いの話をしているのではない。スポーツ競技というのは「そういうもの」だということを言っているだけである。人間の身体能力が極限まで高められた姿を見ることは感動的である。人間にはここまでのことができるのかと、人間の蔵する潜在可能性の大きさを知れば私たちは勇気づけられる。それがスポーツ競技のすばらしい効用である。ただ、ある時点で身体能力を「極限まで高める」ことの代償に「生涯かけて、シリウスの高みをめざす」という選択肢は失われる、ということを言っているだけである。

武道にはタイムリミットがない。達成すべき具体的な目標がない。ライバルもいない。世界ランキングもないし、世界大会もない。そういうものがある方が人間の能力開発の上で有効な分野があり、あまり意味のない分野がある。武道はそういうものが意味を持たない分野である。繰り返し言う通り、「生きる知恵と力」は他人と競うものではないからである。

体罰とメリトクラシー

体罰を是とする指導者たちは「メリトクラシー（meritocracy）」の信奉者である。「メリトクラシー」とは「能力主義」と訳されるが、それでは意を尽くせない。これは努力したものは褒賞を受け、努力を怠ったものは罰を受けるべきだという思想のことである。

体罰をする指導者は自分がふるう暴力の行使を正当化するときにメリトクラシーのロジックに依拠する。こういう言い分である。「これほど資質に恵まれていながら、努力を怠ることが許せない。もともと才能がないなら、叱りはしない」。

そう言われると、何となく教育的に適切な考え方のように思える。しかし、簡単に頷いてはいけない。この主張の前提にあるのは、身体能力には人によって生得的な差があるが、「努力する能力」には差がないという信憑だからである。全員が等しく「努力する能力」を分有している。なのに、ある者はそれを発揮し、ある者はそれを出し惜しんでいる。能力がないことは咎めないが、能力の開発を自分で抑制している人間は罰を受けなければならない。これがメリトクラシーのロジックである。

しかし、この前提は間違っている。自分の限界を突破したいという「努力するモチベーション」が起動する仕方は人によってまったく違うからである。

「自分の限界」を設定しているのは本人である。「自分にはこれくらいのことしかできない。その範囲なら心身を制御可能である」という範囲を私たちは無意識のうちに設定してしまう。そしてその内側に腰を据える。自分の潜在可能性を低めに設定すればするほど、努力は不要になる。これは生物としては決して間違っていない。「心身にできるだけ無理をさせない」「やろうと思えばやれるけれど、やらない」というのは生物にとっては合理的な生存戦略だからである。身体資源は無駄遣いできるほどいつも潤沢であるわけではない。

しかし、その自分でセットした「リミッター」をどこかで解除しない限り、身体的な「ブレークスルー」は起こらない。リミッターを解除する方法は、単純化すれば二種類しかない。一つは利益誘導。「限界の外に出ると、いいことがある」と信じさせる。もう一つは処罰の恐怖である。「限界の内にとどまっていると、ひどい目に遭う」と信じさせる。私たちが自分でセットしたリミッターを解除するのは、そのどちらかの場合である。そして、体罰は後者である。

自分で設定した限界内にとどまっていると「ひどい目に遭う」と信じ込ませれば、人はやむなく限界を超える。「できるはずのないこと」をやろうとする。今、ここで使い切ってはいけない身体資源まで使い切ってしまう。

でも、それが可能なのは、リミッターの解除の代償に「時間制限」をかけているからである。「次のインターハイまで」とか「五輪強化選手選考会まで」とか「世界選手権まで」とか。数週間、せいぜい数ヶ月の時間制限を設けて、その間は限界を超えるトレーニングに耐える。それを超えたら「壊れる」という身体への物理的負荷の限界を「この日まで」という時間の限界に読み換えるのである。「その日まで」我慢すれば「あとは休める」と思うから、ほんとうなら長く使い延ばすべき身体資源を短期的に使い切るようなトレーニングに同意してしまう。そして、長く使い延ばすべき身体資源を短期的に費消する代償として、期間限定的にパフォーマンスを爆発的に上げる。

だが、それがどれほど「割に合わない」取引なのか、自覚しているアスリートはあまり多くない。多くのアスリートは高いパフォーマンスが要求される「限定期間」が終わったあとの自分の身体がどうなってしまうかについてあまり考えない。そんな先のことは考えても仕方がないと指導者も本人も思っている。

自分の身体能力を一生かけてゆっくりと高めてゆくものだという考え方をしないというのは学校体育でも同じである。学校体育は、子どもたちの中に潜在している多様な身体資源を、ゆっくり時間をかけて、ていねいに吟味し、開花させるという仕事には、あまり（というよりほとんど）興味を示さない。学校体育はその宿命として「成績をつける」ことを義務づけられているからである。そのためには他の条件を全部同じにして、数値的に比較考量可能な能力を見るしかない。タイムを計ったり、距離を測ったり、スコアを数えたりできるものしか身体能力とは見なされない。

でも、人間の蔵している身体能力のうち、ほんとうに重要な能力のほとんどはそのような仕方では数値化できない。前にも書いた通り、「何でも食える能力」や「どこでも寝られる能力」や「誰とでも友だちになれる能力」は生き延びる上で、走る速さやボールをゴールに蹴り込む精度よりもはるかに有用である。しかし、これらの能力は複雑すぎて計測不能・数値化不能である。そもそも他人と比較考量して、どちらが上かどちらが下かというようなことを論じても意味がない能力なのである。

仮に「何でも食える能力」の世界選手権などというものがあったとして、世界チャンピオンが表彰台に立ったときには、あたりには「食べてはいけないものを食べて」死んだ人間の死体が累々と積み重なっているだろう。「どこでも寝られる能力」世界選手権で途中敗退した人たちの多くは「寝てはいけないところで寝た」せいでたいへんな思いをしているだろう。「誰とでも友だちになれる能力」を競争させれば、勝ちを焦る人は「絶対に友だちになってはいけない人間」と友だちになるリスクを冒すだろう。

生きる上でほんとうに重要な身体能力は数値化・点数化できない。だが、「数値化・点数化できない身体能力」は今の学校体育では「存在しない」ものとして扱われる。それゆえ、それらの能力をどうやって発見し、開発し、育成してゆくのかということは教育的な課題にはならないのである。

（二〇一三年三月四日）

家事と武道

家事というのは、本質的に他人の身体を配慮する技術なのだと思う。

清潔な部屋の、乾いた布団に寝かせ、着心地のよい服を着せて、栄養のある美味しい食事を食べさせる。どれも他者の身体が経験する生理的な快適さを想像的に先取りする能力を必要とする。家事においては、具体的な技術以上に、その想像力がたいせつなのだと思う。

私は今武道を教えて生計を立てているが、武道の要諦もまた他人の内部で起きていることに感覚の触手を伸ばすことにある。

武道の場合は、自他の心身の間の対立を取り去り、自他の境界線を消し、「眼前に敵はいるが、心中に敵はいない」「敵我を見ず、我敵を見ず」という境地に至ることをめざすわけであるが、その能力はまた他者との共生のために必須のものだと私は思う。

だが、家庭科も武道も現在の学校教育では重要な科目とは見なされていない。たぶん他者との共生には特別の技術など要らない、あるいは有限の資源を奪い合うラットレースの競争相手の心身の状態など配慮するに及ばないと思っている人たちが教育制度を設計しているからだろう。

伝統的な技芸には「内弟子」というシステムがある。内弟子は、師匠のそばについて、起居をともにし、稽古を手伝い、旅のお供をしたりするのが仕事である。内弟子にとって最も必要な能力は「師匠の生理過程に同期できることだ」と以前、観世清和観世流宗家から伺ったことがある。内弟子には、師匠が「あれ」と言ったら、それだけで師匠が求めているものを過《あやま》たず差し出すような「勘の良さ」が求められる。師匠が空腹なのか、眠いのか、疲れているのか、トイレに行きたいのか……そういう生理的な訴えにすぐに反応できないと内弟子はつとまらない。そして、そういうことは誰かに習って身につけることのできる技術ではない。

観世家の内弟子の中に先代宗家のときに「お酌をするのが上手な人」がいたと伺った。お酌というのは「飲みたいな」と思っているときに酌をされないといらつき、「まだいい／もういい」と思っているときに酌をされてもいらつくというかなりデリケートなサービスなのであるが、その頃合いが絶妙で、宗家に「酌がうまい」とほめられていたそうである。おそらくその内弟子は独立したあとに斯道《しどう》において名を成した人なのであろう。酌の巧拙が芸道に通じるものでなければ、そのような逸話が今に伝わっているはずはない。

津田塾大学の三砂《みさご》ちづる先生は「おむつなし育児」という育児法を研究されている。以前アフリカでフィールドワークしているときに、現地の母親たちが背負っている子どもが尿意を催すとすぐにおしっこをさせることができるのを見て、「どうして赤ちゃんがおしっこがしたいのがわかるんですか?」と訊いたら「え、あなたはわからないの?」と驚かれたそうである。身近にいて肌を触れているわが子であれば、その生理的欲求のシグナルを感知することは母親にとってはそれほど難しいことではないのだろう。内弟子が師匠の生理的欲求のシグナルを感知するのも理屈は同じである。問題は、どうしてこれが修業として有効かということである。

内弟子は師匠から直接稽古をつけてもらうということがない。師匠が他人に稽古をつけているのを横にいて手伝うだけである。地謡をつけ、笛を吹き、拍子盤を打つ。そうやって一〇年、一五年と師匠の傍らにあった後、もう独立してもよろしいと言われる。そして、家に戻り、能舞台に立つと、師匠そっくりの芸風になっている。発声、立ち方座り方、着付け……そういうものがいつの間にか師匠に酷似してしまっているのである。習ったわけではなく、身に浸み込んでしまったのである。そのようにして日本の伝統的な技芸は何百年にもわたって継承されてきた。

こういう身体的な同期というのは、実際には多くの人が経験していることだと思う。私も父子家庭で娘と毎日起居をともにしていた時期に似た経験をしたことがある。

ある日、朝から頭の中で、ずいぶん昔の「ＣＭソング」がなぜか繰り返し聞こえてくるということがあった（テレビドラマ『名犬ラッシー』のときに流れていたミツワ石鹸のＣＭソングだった。私が一〇歳くらいのときに聴いて、それっきり忘れていた楽曲である）。なぜか、その朝はそのＣＭソングが頭の中でループ再生されていた。食事が終わって、台所で皿洗いをしているときに、またそのＣＭソングが頭の中で鳴り出した。すると、少し離れたところに坐っていた娘がその歌の続きを鼻歌で歌い出した。びっくりした。皿洗いの手を止めて、「今歌ったその歌、何？」と訊いたら、不思議な顔をして

「知らない」と答えた。「どうして歌ったの？」「何となく」。私は声に出して歌っていたわけではない。脳内で再生されていた三〇年くらい前のＣＭソングの続きを娘が引き取って声に出して歌ったのである。

この程度のことは多くの人が経験してきたことだと思う。他者の身体の内側で起きていることに同期する能力は本来すべての人間に潜在的には具わっている。それは人間が共同的に生活するために必須の能力だからである。

人間は単体で見たときには決して強い生物ではない。野生獣のような爪や牙もないし、水中で生活もできないし、空を飛ぶこともできない。にもかかわらず地上における支配的な種として生き延びることができたのは、群れを作って集団行動をすることができたからである。何十人も、場合によっては何百人、何千人もの同種の個体とつながって、「共同的な身体」のようなまとまりを形成して、単体の生物のように感じ、判断し、行動することができた。

現代において武道が優先的に開発しているのは、この「他者と同期する能力」ではないかと私は考えている。それはここまで述べてきた通りである。

実際、現代社会では、よほどのことがなければ、武術を用いて誰かを投げたり、抑え込んだり、関節を極めたりというような機会はない。私自身、合気道の技を護身術的に使ったのはもう三五年ほど前のことである（保育園児の娘と並んで歩いているときに、「邪魔だ」と言って通りすがりに娘の腹を蹴った男がいて、その男を抑え込んで関節を極めたことがある。それが護身術的に技を使った最後の経験である）。以来一度も技を使ったことはない。「強くなる」ための稽古であるとすれば、ずいぶん費用対効果が悪いことをしていることになる。

けれども、この稽古が他者との同期、共同的身体の形成のためのものだとすれば、私はその恩恵に豊かに浴していると思う。

私たちが見ているのは世界のごく一部に過ぎない。だから、私たちの直接的な知覚だけに基づいて世界を記述しても、それは厳密なものとはなり得ない。「私の眼には世界はこのように見える」ということから「世界は私の眼に見えているようなものである」と推論することはできない。私自身は今ありありと世界を経験していると信じているけれども、それは妄想かもしれないし、体系的な夢を見ているのかもしれないし、向精神性物質の効果なのかもしれない。健常なときであっても、私たちは自分に都合の悪いものを平気で視野から排除することができる。枯れ尾花を幽霊だと思い込むこともできる。世界がいくら私にとってリアルであっても、そのリアリティは当てにならない。私たちにできるのは「私にはたしかに世界はこのように見えるが、他の人には別様に見えるかもしれない。だから、私の経験は一般性を要求できない」という差し控えだけである。この「差し控え」のことをフッサールは現象学的還元（エポケー）と術語化した。

「それゆえ、眼前に与えられている客観的世界に対するあらゆる態度決定を、したがってまず第一に、世界の存在に対する態度決定をいっさい有効なものと認めないということ、あるいはよくいわれるように、客観的世界に関して現象学的判断中止（エポケー）を行なうこと、または客観的世界を括弧に入れること、このようなことは、われわれを無の前に立たせるのではない。むしろそのことによって、われわれは、もっと明確にいえば、省察するものとしてのわたしは、純粋なすべての思念体験と、その思念のめざす純粋なすべての思念対象とを含んだわたしの純粋な生を、すなわち、現象学的意味での現象の全体を所有することになるのである。」（E・フッサール、『デカルト的省察』、船橋弘訳、「世界の名著51」、中央公論社、一九七〇年、二〇〇頁）

フッサールのよく使う喩えを引くならば、私が一軒の家の前に立って、家の前面を見ているとき、私はそれが「家の前面である」と確言できるのは、横に回りこめば「家の側面」が目に入り、裏に回れば「家の裏面」が目に入り、梯子をかければ「家の屋根」が目に入り、床下に潜り込めば「家の底」が目に入るということを同時に確信しているからである。この「……すれば」という仮想条件で家のあちこちを眺めている「私のアバター」がいる。これを「他我」とフッサールは名づける。この「他我たち」のリアルな経験を私はすでに私の経験のうちに潜在的な仕方で組み込んでいる。そうでなければ私は「一軒の家の前に立っている」と言うことさえできないはずだからである。側面があり裏面があるからこその前面であって、前面だけが私の経験できるすべてであり、それ以外の家の顔は主題化されないのであれば、私にはそれが何であるかを言うことさえできない。つまり、自分は世界を直接的かつ全体的に経験しているわけではない（その限定的な一部しか経験していない）と認めることの代償として、私は世界をさまざまな立ち位置から眺めている他我たちと共同主観的に世界を経験することができるのである。「現象学的意味での現象の全体を所有すること」とはこのことである。

これは武道がめざしている境位とほとんど同じものではないかと私は思う。戦国時代に将に求められたのは、戦場で何百何千という騎馬武者たちを手足のように扱う技能であった。いちいち無線で指示を送ったり、伝令を走らせたりしていたのでは、「手足のように」部下を操ることはできない。おそらく将帥《しょうすい》たる人間の最優先の条件は、科学の言葉を借りて言えば、「同期現象誘発者」であることだったろうと思う。巨大な共同的身体を形成することのできる力、「現象の全体を所有できる」力を持つ者が将たることができた。

それは具体的には、今ここにいる自分の眼には見えなくても、味方の誰かが見えている風景であれば「見え」、今ここにいる自分の耳には聴こえなくても、味方の誰かが聴いている音であれば「聴こえる」というようなタイプの身体の拡大のことである。「股肱《ここう》の臣」という言葉があるが、将の手足となって働く者を「腿《もも》」や「肘《ひじ》」に喩えたのは、そのような身体実感があったからだと私は思う。これは広い意味での身体的同期のもたらす効果だと思う。

「将」の側には同期現象誘発能力が求められるが、「卒」の側にも、それに対応する能力が求められる。「呼びかけを聴き取る能力」である。

これはおそらく同期現象誘発よりはもっと汎用性の高い能力だと思う。さきほどの例を引けば、「幼児の尿意を察知する能力」や「お酌のタイミングを見切る能力」に近い。つまり、近くにいる人の生理的欲求がわかる能力である。

英語にcalling/vocationという語がある。「呼びかけ」という意味だが、これは同時に「天職」「召命」をも意味する。人がその生涯をかけてなす仕事も、神からおのれの使命を開示されることも、どちらも「呼びかけられる」という経験なのである。私たちは他者から呼びかけられることを通じて、自分が何ものであるのか、何をなすためにこの世に生まれ出てきたのかを教えられる。

では、私たちはどのような呼びかけを優先的に聴き取ることができるであろうか。「呼びかけ」のうち、最も受信しやすいのは、「救い」を求める声である。飢餓、寒さ、痛みなどは放置すると命にかかわるものだから、いずれも緊急な介入を求める。「助けて」という呼びかけがおそらく最も発信力が強い。

『孟子』は「惻隠《そくいん》の心は仁の端《たん》なり」と教えている。子どもが井戸に落ちようとしているときに、とっさに手が出る。助けておけば子どもの親からあとで感謝されるだろうとか、ここで放置しておくとあとで「不人情なやつだ」と言われそうだからとかいう計算抜きで、とっさに手が出る。それが「惻隠の心」である。これはまだ人情とか慈愛とかいうレベルに達していない。もっとプリミティヴなものである。

惻隠の心とは緊急な介入を求める他者からの救援信号を感知することである。それは適否や損得の判断が入る前に、すでに発動している。

コミュニケーションの用語を使って言えば、「惻隠の心」とは何よりもまず「助けて」というメッセージを聴き取り、その宛て先が自分だと感じることである。自分があるメッセージの宛て先であると感知するということは、メッセージのコンテンツを理解したしないとはかかわりがない。私たちはその内容がまったく理解できないメッセージであっても、その宛て先が自分であるか自分でないかははっきりと識別することができる。それはメッセージの発信受信においてはコンテンツよりもアドレスの方が重要だからである。

ローマン・ヤコブソンはこれをメッセージの「交話的機能（phatic function）」と呼んだ。電話で「もしもし」という言葉にはコンテンツがない。それは「このメッセージはあなたに届いていますか？」という「コンタクトが成立していることを確認するためのメッセージ」である。このメッセージは交話的な働きをしている。ヤコブソンが『一般言語学』で実例として挙げているのは「新婚夫婦の会話」というものである。「とうとう着いたね」「着いたわね」「いい景色だね」「ほんと、いい景色」「気持ちいいね」「ええ、すごくいい気持ち」……このやりとりのコンテンツにはほとんど何の意味もない。意味があるのは、「ここにあなたからのメッセージを一言漏らさず聴いている聴き手がいる」という事実を相手に伝えることの方なのである。そして、それを相手に伝える最も簡単な方法は相手が言った言葉をそのまま繰り返すということなのである。

スティーヴン・スピルバーグの映画『未知との遭遇』で、エイリアンと地球人のコミュニケーションは宇宙船から発信されるメロディを地球人がそのまま繰り返すところから始まる。他者とのコミュニケーションが始まるのは「あなたのメッセージを理解した」ではない。「私はあなたからのメッセージの宛て先である」という名乗りからである。

聖書には族長や預言者のもとに「主が臨む」という出来事がいくつも記されているけれど、主はしばしば雷鳴や黒雲や燃える柴など非言語的な形象を経由して人間に臨んだ。主から訪れるメッセージのコンテンツは人間の理解を超えている。人間たちにわかるのは、それが「自分宛てのメッセージだ」ということだけである。だから、それから後の彼らの行動はその事実のみによって規定される。すなわち、自分たちがそこに幽閉されている記号システムの枠組みの外に出るということである。それはノイズの入るラジオを手にして、何が聴こえるのかを確かめるために、歩き回るのと同型的なふるまいである。主は言われる。お前がそこに立ち尽くしている限り、これは自分宛てのメッセージだという以上のことはわからない。お前がもしこのメッセージの意味を理解したいと願うなら、そこを離れ、お前の生まれ故郷、お前の父の家を出て、私が示すその地に向かう他ない。

（『創世記』12：1）

孟子の言う「惻隠の心は仁の端なり」の「惻隠の心」が非言語的なメッセージをおのれに対する「呼びかけ」であると感じて、とっさに応答することであるとするなら、そこを起点として始まる「仁に向かう旅程」とは、アブラハムが歩んだ「主からの理解を絶するメッセージを聴き取るための終わりなき旅程」にほとんど重なるはずである。まず「宛て先」の覚知があり、次いで「理解」の営みが始まる。

家事と同期能力の話をしているところだった。家事に必要なのは、他者からの「呼びかけ」に即応する同期する力だと私は思っている。

もちろん日々の穏やかな生活において、私たちが「家事能力」と呼ぶのは、共に暮らす人たちからの「快適な住環境」や「美味しい食事」や「きちんとした衣服」を求める穏やかな「呼びかけ」を聴き取ることができる能力を前提にしている。どれほど「きれい好き」でも、疲れて眠っている家族の頭で朝から掃除機をぶん回したりする人のことは「家事能力がある」とは言わない。どれほど「料理がうまく」ても、食べすぎで体調が悪い家族の前に毎度高カロリーのディッシュを並べる人のことは「家事能力がある」とは言わない。いくら「きちんとした衣類好き」であっても、家族が気に入っているボロボロのジーンズやよれよれのポロシャツを「見苦しい」とゴミに出してしまう人のことは「家事能力がある」とは言わない。家事能力というのは、具体的な家事処理能力のことではなく、突き詰めて言えば、共に生活している人の愁訴を聴き取る力のことである。寒いとか、疲れたとか、腹減ったとか、眠いとか、誰かに抱きしめて欲しいとか……そういう無言の訴えを感知する力のことである。そういうふうに定義する人はあまりいないと思うが、私はそう思う。

それは要するに「緊急な介入を求める他者からの救援信号を感知できる能力」と同根のものであ

り、「惻隠の心」と発生的には同一のものである。そこから「仁」が始まる。

だから、私は学校教育ではまずこの能力を育てることを優先させるべきだと思っている。言い換えると、他者と共生できる能力である。子どもたちがその力を身につけることができるように支援することが学校教育の最優先の課題だと私は思っている。

（二〇一七年七月七日家庭科の教員たちの学会に講演で招かれたことがあった。事情があってゆけなくなったので、講演の原稿だけを送った。）

第二部

現在の構えについて

日本人はなぜ『忠臣蔵』が好きなのか？

毎年暮れになると、どこかのＴＶ局で『忠臣蔵』の映画かドラマが放映される。『忠臣蔵』を題材にした新作映画も飽くことなく製作され続けている。外国人の眼からは、定期的に『忠臣蔵』を見るという行為は、日本人が国民的なアイデンティティーを確認するための一種の儀礼に類したもののように見えることだろう。

私たちは『忠臣蔵』についての国民的規模での偏愛を抱いている。いったい、この物語のどこにそれほど日本人を惹きつける要素があるのか。

それを検出するのは、手続き的にはそれほど難しいことではない。というのは、『忠臣蔵』の物語には同時代の『東海道四谷怪談』をはじめとして、無数のヴァリエーションが存在するからである。もし、無数のヴァリエーションを通じて、「決して変わらない要素」があるとすれば、それこそが『忠臣蔵』の物語的エッセンス、必須の説話的原型だということになる。

ベジャールのバレエ『ザ・カブキ』の基礎となっている『仮名手本忠臣蔵』もまたそのような無

数のヴァリエーションの一つである。そこには多くの「歌舞伎的な創意」が凝らされており、それがこの物語を魅力的なものにしているのは事実であるが、例えば、「高師直《こうのもろなお》の顔世《かおよ》御前への片思い」や「お軽、勘平の悲劇」や「力弥と小浪の悲恋」といった『仮名手本忠臣蔵』の中での「愛をめぐる挿話」は、どれも歌舞伎のオリジナルな工夫であって、他のヴァリエーションには採用されていない。だから、この舞台を見て、『忠臣蔵』とは「成就しない愛」の物語であり、それが国民的な人気の理由なのだというふうに解釈する人は短慮のそしりを免れないであろう。すべての『忠臣蔵』ヴァリエーションが一つの例外もなく共通して採択している物語要素があれば、私たちはそれをこそ忠臣蔵的な物語の本質と名指すべきであろう。

さて、驚くべきことだが、そのような物語要素は実は一つしかないのである。

数しれない『忠臣蔵』ヴァリエーションの中には「松の廊下」の場面をカットしているものがあり、「赤穂城明け渡し」をカットしているものがあり、極端な場合には「討ち入り」の場面をカットしているものさえある。だが、絶対にカットされない場面がある。

それは「大石内蔵助《おおいしくらのすけ》／大星由良之助の京都の茶屋での遊興《ゆうきょう》の場面」である。

そこから私たちはこのエピソードこそ、それ抜きでは『忠臣蔵』という物語が成立しなくなるぎりぎりただ一つの物語要素だと推論できるのである。

『忠臣蔵』では、浪士たちの人物造形にはある程度の自由度が許されている。例えば、堀部《ほりべ》安兵衛《やすべえ》は浪士たちの中では最もカラフルな履歴を誇る武士だが、ヴァリエーションごとに造形が違う。ある物語では彼は思慮深く、温厚な人物として描かれ、別の物語では、好戦的で、軽率な青年として描かれる。どう描こうと、物語の骨組みに影響はないから、そのような自由裁量が許されるのである（そもそも『仮名手本忠臣蔵』に安兵衛は登場さえしない）。

他の登場人物についても同様である。浅野《あさの》内匠頭《たくみのかみ》も、幼児的ではた迷惑な人物として描かれる場合があり、筋目の通った爽やかな武士として描かれる場合もある。どちらであっても、物語の骨組みは揺るがない。

だが、大石の場合はそれが許されない。あらゆる『忠臣蔵』ヴァリエーションを通じて、大石内蔵助を演じる役者には絶対に譲れない役作り条件が課されている。

それは「何を考えているのか、わからない男」であることである。

『忠臣蔵』というのは「不安」のドラマなのである。大石という、仇討ちプロジェクトの総指揮者であり、資源と情報を独占して、浪士たちの生殺与奪の権利を握っている人物が何を考えているのか、わからない。

ほんとうに討ち入りはあるのかと疑う同志たちの猜疑《さいぎ》心《しん》。討ち入りがいつ来るかに怯える吉良方の人々の恐怖心。公的な裁定への暴力的な異議申し立てがなされることに対する統治者の側の懸念。血なまぐさいスペクタクルを期待している大衆の欲望。主君の仇を討つというヒロイックな企てを浪士たちが利己的な理由で放棄した場合、「武士道倫理の卓越性」という武士による統治の根本原理が崩れることへの武士階級全体の困惑……無数の不安が「大石が何を考えているのかわからない」というただ一つの事実の上に累積してゆく。

大石が自分の命を賭して主君の仇を討てば、「武士道倫理」へのクレジットが加算される。彼が現世の快楽と保身を優先させるのであれば「人間なんて、所詮色と欲で動かされる利己的な生き物に過ぎない」というシニックな人間観へのクレジットが加算される。果たして、大石はパセティックな倫理に賭け金を置くのか、シニックなエゴイズムに賭け金を置くのか、人々は息を詰めて見つめている。そして、最後に、大石の決断によって、この過度に引き延ばされた非決定状態は劇的な仕方で解決される。

『忠臣蔵』のカタルシスはそのように構造化されている。

「全権を握っている人間が何を考えているのかわからない」とき日本人は終わりのない不安のうちにさまざまな解釈を試みる。そのときに、日本人の知性的・身体的なセンサーの感度は最大化し、想像力はその限界まで突き進む。中心が虚であるときにパフォーマンスが最大化するように日本人の集団が力動的に構成されている。

たぶんそういうことなのだ。

だから、それが天皇制の政治力学と構造的に同一であることに私はもう驚かない。

（モーリス・ベジャール『ザ・カブキ』、パリ公演公式パンフレット解説、二〇一一年五月二日）

有事対応モデルについて

全員が同質的であり、数値的な能力差だけがある格付けしやすい社会の最大の欠陥は、「想定外」の入力に対応できず、わずかな躓《つまず》きで崩壊することである。

私たちの国の最大の強みは「付和雷同」という国民性格である。「一億一丸となる」という点において、これほど凝集力のある国民国家は他に見出しがたい。けれども、それは同時に最大の弱みでもある。生物学的多様性を確保できないからである。

みんなが同じ方向を向いて進む先に断崖があれば、全員ぱたぱたと墜落死する。そのとき、さしたる理由もなく、「オレはそっちに行きたくないね」と別行動をとる個体が一定数いれば、集団は全滅を回避できる。

生物学的多様性というのは約《つづ》めて言えば「そういうこと」である。システムのあちこちに「付和雷同しないもの」を一定数確保しておくということは、「システムクラッシュの回避」のために必須の気づかいである。そのことを私たちの国の「秀才」たちはすぐに忘れてしまう。というか「秀才」というのは定義上、「システムの平時」において能力を最大化するもののことであり、彼らに「有事対応能力」を求めること自体が間違っているのである。そのような能力は別のタイプの人間たちに委ねなければならない。

その「別のタイプの人間」の育成と確保ということを、私はこれまで教育論の中でもときどき申し上げていたのであるが、誰も取り合ってくれなかった。

というわけで、もう一度申し上げるが、「有事対応モデル」というものが存在する。

宗教や武道は、そのような「有事対応モデル」を確保して、共同体を生き延びさせるという機能を久しく担っていた。有事対応モデルというのは、一言で言えば、「どうしていいかわからないときに、どうしていいかわかる人」のことである。これについては、前に『亡国のイージス』という映画を見た後の感想に書いたことがある。それを再録する。

『亡国のイージス』では、真田広之の演じる中間管理職サラリーマン的な先任伍長がファナティックで病的な愛国少年兵とコンビで日本を襲った軍事的危機を救う。

真田広之が敵に向けてためらわず銃撃する少年兵をたしなめて言う。

「撃つ前にためらうのが人間だろう。撃つ前に考えろ」

その忠告を受け容れて、動作に一瞬の「ためらい」を挟んだ少年兵は、今度は「ためらわない」テロリストに撃ち殺されてしまう。真田は「言われた通り、撃つ前に考えた」とつぶやく瀕死の少年兵にこう言う。

「考える前に考えるんだ」

よい言葉である。

最適な戦略的選択をためらわない冷血さと、同胞に対する制御できないほどの愛情という矛盾を同時に引き受け、それに引き裂かれてあることを常態とすること、それが「戦争ができる人間」の条件である。その「引き裂かれてあること」を徹底的に身体化するというのが、「考える前に考える」ということである。

　私は別のところで、「考える前に考える」能力を「先駆的直感」と言い換えたことがある。どちらも同じことである。別に魔術を使うわけではない。まだ「情報」というはっきりした輪郭をとらないノイジーな入力を「シグナル」として解読できる力のことである。単純に言えば、「危険に対するセンサーの感度を上げる」ということである。

　人間は生物である以上、自分の生存にかかわる危険に対しては程度の差はあれ、「ざわざわ感」を覚える。それは数値的・外形的には表示されない。「データとして読まれる」閾値《いきち》にまで達しないからである。けれども、データとかエビデンスとかいうのは、尽きるところ計測機器の精度の産物である。計測機器のメカニカルな精度が上がれば、「それまではエビデンスと認知されなかったもの」がエビデンスと見なされるようになる。

　エビデンスについて「存在する／しない」を論じるのは本質的にはナンセンスである。エビデンスというのは、「その時点での手持ちの計測機器の精度の関数」に過ぎないのだから、エビデンスは本来「感知できる／できない」という言葉で語るべきなのである。感知できる人間に感知できることが、感知できない人間には感知できない。それは単純にメカニズムの精度の差に過ぎない。

「数値的に考量できるものだけが存在するものであり、数値化できないものは存在しないものだ」

と思いなす人々がいる。この手の科学主義者は「エビデンスが検知できないのは自分の手持ちの計測機器の性能が低いからではないか」という自省の習慣を持たない知的に怠惰な人たちである。そして、そのような人間は「想定外」の事態の出来に対応することができない。

話を戻す。

危機の経験から私たちが学ぶべきなのは、「どうすれば危機は避けられたのか」という条件法過去的な吟味である。

私の答えは、繰り返し申し上げているように、「他の人間には見えないものが見え、聞こえないものが聞こえ、感知できないものが感知できる人間を適所に配備し、有事においてはその知見を重んじる」ことができるようにシステムを設計し直すということである。つまり、秀才以外の人間を一定数確保して、社会機構の中枢に置くということである。

新人採用において「バカ枠」で採用された女性記者の活躍を描く『チャンネルはそのまま！』という佐々木《ささき》倫子《のりこ》先生のたいへん教訓的なマンガがある。「バカ枠」とはあまりににべもない言い方であるが、言いたいことはよくわかる。他の人間とは違う価値観をもち、違う視点、違う射程でものを眺め、誰も思いつかないソリューションを思いつく「変人枠」はどのような集団でも制度的に確保されていなければならない。それは「政治的正しさ」でも「博愛主義」でもない。共同体を存続させなければならないという剝き出しのリアリズムが要請するものなのである。

（二〇一一年四月四日）

リスクとデインジャー

過日灘高の文化祭で生徒会主催の講演をした。そのときの話を少し書いておきたい。

生徒会主催の講演に呼ばれたのは、これがはじめてのことである（そういえば、大学の文化祭というのにもあまり呼ばれた覚えがない）。

お題は「次世代に望むこと」。

原発事故以来、また繰り返し集中的にしている「リスクとデインジャー」の話をここでもした。その話はもういいよ、という人もいるかもしれないけれど、はじめての人はちょっとお付き合い頂きたい。

危機には「リスク」と「デインジャー」の二種類がある。

「リスク」というのはコントロールしたり、ヘッジしたり、マネージしたりできる危険のことである。「デインジャー」というのは、そういう手立てが使えない危険のことである。

喩えて言えば、W杯のファイナルを戦っているときに、残り時間一分で、二点のビハインドというのは「リスク」である。「試合に負けるリスク」は監督の采配や、ファンタジックなパスによって回避できる可能性がある。

試合の最中に、ゴジラが襲ってきてスタジアムを踏みつぶすというのは「デインジャー」である。対処法は「サッカー必勝法」のどこにも書かれていない。だが、そういう場合でも、四囲の状況を見回して「ここは危ない、あっちへ逃げた方が安全だ」というような判断をできる人間がいる。

こういう人はパニックに陥って腰を抜かす人間よりは生き延びる確率が高い。でも、一番生き延びる確率が高いのは、「今日はなんだかスタジアムに行くと『厭なこと』が起こりそうな気がするから行かない」と言って、予定をキャンセルして、家で布団をかぶっている人間である。

WTC（ワールドトレードセンター）テロの日も、「なんだか『厭なこと』が起こりそうな気分がした」のでビルを離れた人が何人もいた。

彼らがなぜ危機を回避できたのかをエビデンス・ベースで示すことは誰にもできない。

「そんなのただの偶然だ。理屈をつけるな」と眼を三角にして怒る人がいるけれど、そういう人には「そうですよね」と言ってお引き取り願うしかない。

けれども、「どうして私だけが生き残ったのか、理由がわからない」ということは、よくある。その場合に「単なる偶然である」と言って済ませることのできる人はきわめて少ない。

ほとんどの人は「自分だけが生き残った理由」について考える。ホロコーストを生き延びたエマニュエル・レヴィナスやエリ・ヴィーゼルやウラジミール・ジャンケレヴィッチはそうした。もちろん、「自分だけが生き残った理由」はわからない。「おそらくはゲシュタポの気まぐれによって」とジャンケレヴィッチは書いている。レヴィナスはその言葉をそのまま引用している。たぶん「同じ気分」だったのだろう。

けれども、人は他人の「気まぐれ」で手に入れた人生をそのままに生きることはできない。

生き延びた理由は「気まぐれ」でも、そのまま長生きして、いざ死ぬときに振り返って「私が生き残ったことにはやはりそれなりの意味があった」と言い切れなければ、自分が生き残ったときに死んだ人間に申し訳が立たない。

だから、自分自身の人生に加えて、「死んだ人の分まで生きる」という責務を自らに課すことになる。

「あの人があのとき死ななければやっていたかもしれないこと」は「生き残った私」の宿題になる。その宿題を完了したときにはじめて、「ゲシュタポの気まぐれ」という「人の生き死にに、理由なんかない」という非‐人間的無底を人間的意味と人間的秩序が少しだけ押し戻すことができる。

だから、もし大災厄を生き延びた場合には、どんなことがあっても、「生き残ったことは単なる偶然であり、生き延びたことに『理由』を求めるのは愚かなことである」というような発言をしてはならない。

それは死者を二重に穢《けが》すことになるからである。

私たちがもし幸運にも破局的事態を生き延びることがあったとしたら、私たちはそのつど「なぜ私は生き残ったのか？」と自問しなければならない。

「他ならぬ私が生き残ったことには理由がなければ済まされない」という断定は誇大妄想でもオカ

ルトでもなく、人間的意味をこれから構築するための必須条件なのである。

だから、WTCをテロの直前に離れた人が「なんだか『厭なこと』が起こりそうな気がして」というふうに事後的に自分の異能を発見するようになるのは当然のことなのであるし、そうすべきなのである。私が生き残ったことには意味があると思わなければ、死んだ人間が浮かばれないからである。誰かがそう思わなければ、被害者たちは殺人者の恣意に全面的に屈服したことになるからである。

そして、その断定を基礎づけるためには、自らの責任で、長い時間をかけて、ほんとうに「デインジャーを回避する力が人間には潜在的に備わっている」ということを身を以て証明しなければならない。

だが、私たちの社会は戦後六六年間あまりに安全で豊かであったせいで、危険をすべて「リスク」としてしか考察しない習慣が定着してしまった。「デインジャー」に対処できる能力はどうすれば開発できるのかについての「まじめな議論」を私はかつて聴いたことがない。

今回の原発事故は「デインジャー」である。

「リスク対応」は十分であったと政府と東電と原子力工学者たちは言う。

たしかに、その通りなのかもしれない。

だが、「デインジャー対応」という発想は彼らにはなかった。

「デインジャー対応」というのは事故前の福島原発を見て、「なんだか厭な感じがする」能力のことである。その「厭な感じ」が消えるように設計変更を行ったり、運転の手順を換えたり、場合によっては操業を停止したりする決断を下せることである。

それができる人間がそこにいれば、そもそも事故は起こっていない。

事故が起こっていないから、そのような能力を発揮した人が巨大な災厄を未然に防いだという「事実」は誰にも知られない。それは「事実」でさえないのだから、知られなくて当然である。けれども、そこから、「そのような能力は存在しない」という結論を導くことはできない。

私たち人類は久しく「あと一歩のところで破局を迎えたはずの事態」を繰り返し回避したことによって今日まで生き延びてきた。むろん、「存在しなかった災厄」について、たしかなことは誰にも言えない。けれども、「存在しなかった災厄は、それを無意識のうちに感知して、それを回避する策を講じた人がいたせいで存在しなかった」という仮定はあきらかに人間的能力の向上に資する。

能の名曲に『安宅』がある。歌舞伎で『勧進帳』と呼ばれる物語である。

これはよく考えると不思議な物語である。

富樫の立てた新関《しんせき》の前で困惑した弁慶は「ただ打ち破って御通りあれかしと存じ候」といきりたつ同行の山伏たちを抑えて、「なにごとも無為《ぶい》の儀が然るべからうずると存じ候」と呟く。

そして、弁慶の「不思議の働き」によって、安宅の関では「起こるはずのこと」（富樫一党と義経一行の戦闘）は起こらなかったのだが、それは「白紙の巻物」を「勧進帳と名づけつつ」朗朗と読み上げる弁慶の「ないはずのものが、ある」というアクロバシーと構造的には対をなしている。

『安宅』が弁慶の例外的武勲として千年にわたって語り伝えられているのは、「ないはずのものをあらしめることによって、あるはずのことをなからしめた」という精密な構造のうちに古人が軍功というものの至高のかたちを見たからである。

『安宅』は「存在しないものをあたかも存在するかのように擬制することによって、存在したかもしれない災厄の出来を抑止する」というメカニズムを私たちに示してくれる。

　ここでいう「存在しないもの」が「災厄の到来を事前に感知する能力」である。

弁慶の武勲は何よりも白紙を朗朗と読み上げた点に存する。

　これは一つの異能である。

　勧進帳を読み上げているときの弁慶は、東大寺建立のため重源上人に北陸道に派遣された山伏に「なりきっている」（強力に化けた義経を打擲《ちょうちゃく》するときも）。この弁慶の憑依力・物語構成力によって、安宅の関には、「そこに存在しない世界」が幻想的に出来する。

　この幻想的に構築された物語が、現実の災厄の出来を抑止する。

　私が「デインジャー対応能力」と呼ぶのは、一つの「物語」である。そう言いたければ「幻想」と言い切って頂いても構わない。

　けれども、幻想を侮ってはいけない。

「存在するはずだったのに、しなかった現実」と均衡するのは、理論的には「存在しないはずなのに、存在してしまった幻想」だけだからである。

それはシーソーのような構造になっている。

それが今日の核戦略における「抑止力」と構造的に相同的であることはまことに皮肉と言う他はないけれど。


（二〇一一年五月七日）

「存在しないもの」たちとの交渉

二期倶楽部というところがやっている「山のシューレ」という催しに呼ばれて、那須高原で二日過ごした。能楽師ワキ方の安田登さんが対談の相方にお呼びくださったのである。

対談のお題は「能の身体性、能の霊性」。

これまで安田さんとは能楽について何度か対談している。そのつど、だんだん話が深くなる。先方は玄人、こちらは馬齢は重ねても所詮は素人であるから、専門的なことはよくわからない。けれども、二人とも興味があることが近い。

それは「存在しないもの」とのコミュニケーションである。

神も悪魔も、すべての神霊的なもの、天神地祇《てんじんちぎ》も妖精も鬼も河童《かっぱ》も山姥《やまうば》も、広い意味での「存在しないもの」である。しかし、「存在しないもの」は「存在するとは別の仕方で」私たちに「触れてくる」。

例えば、「夢を見ているとき」がそうである。

夢の中で私たちが経験する出来事や、そこで出会うものたちは「存在しない」。けれども、夢の中ではありありと存在している。そこで私たちが経験する不安や恐怖は「本物」である。

ただし、私たちは目を覚ますことでそこから逃げることができる。

夢の中で耐えがたい苦痛や恐怖を経験しているとき、その苦しみがある閾値を超えると、私たちは厭な寝汗をかいて、はっと目を覚ます。そして「ああ、夢だったのか……」と呟く。けれども、それもまたやはり一種の経験であって、そのような夢を見たことによって私たちは、その夢を見なかった自分とは少しだけ違う人間になっている。

邯鄲《かんたん》の夢枕の上で、盧生《ろせい》は粥《かゆ》の炊《た》けるまでのうたた寝の夢のうちで数十年に及ぶ人生を駆け抜けるように生きる。そして、目覚めたときにはその分だけ年を取っている。身体的には眠り込む前とほとんど変わっていないけれども、盧生は「主観的には」それだけの歳月を生きてしまったのである。だから、盧生は立身出世をめざして出かけたばかりの旅をそこで打ち切って、故郷に戻ってしまう。現実の人間の生き方を変えてしまった以上、夢の中で経験したことは、盧生にたしかに「触れた」ことになる。「存在するとは別の仕方で」とは、このことである。

私たちは「存在しないもの」に囲繞《いにょう》されている。

私たちの外部にある「自然」は先へ先へと触手を伸ばすと、どこかで「そこから先にはもう手が届かない境位」に達する。私たちは「宇宙の果て」のさらに先に何があるかを私たちが理解できる言語や感覚に即しては語ることができない。だとすれば、それもまた定義上は「存在しないもの」である。

私たちの内側に垂鉛を下ろしていっても、同じである。

分子の向こう、原子の向こう、素粒子の向こう……と現に存在している私たち自身の内部に深く深く踏み込んでゆけば、やがて、私たちの言語や感覚に即しては語ることのできない深度に達する。私たちが「存在する」とか「存在しない」とかいう識別法を当てはめて論じることのできる範囲は実は非常に狭いのである。

「存在する／存在しない」という二分法が適用できる界域は狭く、そこから一歩踏み出すと、そこには果てしのない「存在しないもの」が広がっている。

そのような捉え方をすれば、私たちにとってとりあえず進化上の喫緊の課題が何かはわかるはずである。

それは「存在するもの」の領域を少しずつ押し拡げ、「存在しないもの」を「存在するもの」に繰り込むことである。宇宙開発も、分子生物学も、その意味では同じことをしている。

人間的知性が「存在するもの」と「存在しないもの」を切り分けるとき、そこに暫定的に「境界線」のようなものが現れる。そこから先は人間の世界ではない。

境界線のぎりぎりのところに立つ者を「センチネル（歩哨）」と呼ぶとする。この人の仕事の一つは宗教者や科学者がしているように、境界線をじりじりと押し拡げて、人間たちが住むことのできる境域を広げてゆくことである。その意味では荒野の開拓者の仕事に似ている。

しかし、センチネルにはもう一つ仕事がある。それは境界線を超えて「漏出」してくるものを防ぎ止めることである。人間たちだけの、人間たちの世界に、「存在しないもの」が入り込んでくることを抑制することである。

ただ、これはあくまで「防ぎ止める」「抑制する」ことであって、「追い出す」とか「殲滅《せんめつ》する」とかいうことではない。あくまで「お引き取り願う」ということである。できることなら、あまり剣呑な関係にならずに、自主的に「お帰りになる」ように仕向けることである。

けれども、この「存在しないもの」たちに「じゃあ、帰るわ」と言って頂くためには、その前にひとしきり彼らがエネルギーを放出するのに耐えなければならない。ある程度の「じたばた」や「落花《らっか》狼藉《ろうぜき》」は勘定に入れておかなければならない。

センチネルのたいせつな仕事の一つは「存在しないもの」と交渉することである。これはかなりデリケートな仕事である。「存在しないもの」は秩序の周縁に、理性の統御が弱まるところに出現する。そこをある種の「受信能力」を備えたものが通りかかると、それを手がかりにして、境界線の向こうから人間の世界に入り込んでくる。吸血鬼は家の中にいる人間から「どうぞお入り」という誘いがない限り、家の中に入ることはできないという言い伝えがある。これは「存在しないもの」が人間の世界に入り込むときの消息をよく表している。「存在しないもの」が人間の世界に入るためには「取りつく島」が要る。

能楽ではしばしばワキ方が演じる「旅の僧」がその役を演じる。

「存在しないもの」の接近を感知できる特殊な能力を持った人間がそれである。

旅の僧は人間的秩序の周縁たる辺境の土地に、日の暮れる頃に、疲れ切ってたどりつく。彼はそこに何か特段の用事があったわけではない。誰かに会うために来たのでもない。ただ、吸い寄せられるようにそこに来てしまったのである。そして、その空白を埋める情報をたまたま通りがかった土地の者に尋ねる。そして、土地の者が語るこの土地の由来を聴いているうちに眠りに落ち、夢を見る。これが「存在しないもの」との伝統的な交渉の仕方である。

能楽では、一場の劇が終わったとき、「それ」は立ち去り、私たちの世界と「存在しないもの」の世界のあいだの「壁」の穴は修復され、境界線は再び閉じられる。

境界線を守る者の仕事は「メンテナンス」である。だから、「一回やったらおしまい」というものではない。「どぶさらい」と同じように、エンドレスで、繰り返し行い続けなければならない。それは積極的に何か目に見える「価値」や「意味」をもたらすわけではない。「災厄が起こらなかった」というのが、彼らの仕事が順調に推移している証拠なのだが、「起こらなかった災厄」を誰かの功績にカウントする計数能力が私たちにはない。だから、彼らはふつう誰からも感謝されず、誰からも敬意を示されない。

かつて「遊行の民」と呼ばれた人々は、この社会的な責務を担っていたのだと思う。その呪鎮《じゅこん》儀礼は古代から、もっぱら音楽と舞踊と詩歌の朗唱を通じて行われた。それゆえ私たちはせいぜいこの芸能を享受したり、技術の巧拙を論じたり、それについての美学を構築するような迂回的な作業を通じてしかこの働き人に報いる方法を知らないのである。

西行は源平の戦いの後、国内を巡歴して、死者たちのために鎮魂歌を歌った。当時最大の「祟り神」は崇徳《すとく》院の怨霊であったので、西行は院が葬られた白峯陵《しらみねのみささぎ》に詣でて、一首を詠み、怨霊はそれによって鎮まったと伝えられている。

安田さんによると、芭蕉の「奥の細道」もほとんど趣旨は同じ呪鎮の旅だそうである。芭蕉が鎮魂しようとしたのは、源義経一行である（知らなかった）。義経と弁慶もまた、その供養の仕方を誤ると、巨大な「祟り神」として王土に障《さわ》りをなす可能性のある存在だった。だから『平家物語』から能楽（『鞍馬天狗』、『橋弁慶』、『船弁慶』、『安宅』、『正尊《しょうぞん》』、『摂待《せったい》』などなど）に至る無数の芸能によって慰撫《いぶ》されなくてはならなかったのである。芭蕉の旅はその最後の大きな試みであり、それを芭蕉は「西行のまねび」というかたちで実行した（というのが安田説）。

私自身は武道の修業というのは、この境界線のメンテナンスができるような心身能力の開発に深いところで通じていると考えている。武道の場合はもっぱら災厄の接近を予知する「アラーム」能力の開発に重点が置かれるが、芸能による呪鎮の原基的形態である「群舞・群唱」は「気の感応」や「合気」という機微にも通じているのではないか。

安田さんとそんな話をした。

（二〇一一年七月三一日）

「存在するもの」と「存在しないもの」について

私たちは「人間の知恵の及ばないもの」に取り囲まれている。

宇宙の起源を私たちは知らないし、宇宙の果てに何があるか（というより「何がないか」）も知らない。時の始まりを知らず、時の終わりを知らない。

『ヨブ記』で主はヨブにこう問う。

「わたしはあなたに尋ねる。わたしに示せ。
わたしが地の基を定めたとき、あなたはどこにいたのか。
（……）
あなたは海の源まで行ったことがあるのか。
深い淵の奥底を歩き回ったことがあるのか。
死の門があなたの前に現れたことがあるのか。
あなたは死の陰の門を見たことがあるのか。

あなたは地の広さを見きわめたことがあるのか。
そのすべてを知っているなら、告げてみよ。」（『ヨブ記』38：3－18）

ヨブはこの問いの前に絶句する。

私たちもまたヨブと同じように、この世界の「外部」についてはほとんど何も知らない。私たちは私たちの手持ちの度量衡では考量できないもの、手持ちの言語では記述できないものに取り囲まれているのである。私たちが理解できる世界と、理解を超えた世界のあいだには目に見えない境界線がある。

「存在するもの」と「存在しないもの」のあいだには目に見えない、手で触れることもできない境界線がある。けれども、その境界線を守護するのは、私たちが「人間の世界」で生きてゆくために必須の仕事なのである。誰かが境界線を守らなければならない。

『ヨブ記』においては（なんと）主がその仕事を担っている。

主はこう言う。

「海がふき出て、胎内から流れ出たとき、
だれが戸でこれを閉じ込めたか。
（……）わたしはこれをくぎって境を定め、
かんぬきと戸を設けて、言った。

『ここまでは来てもよい。
しかし、これ以上はいけない。
あなたの高ぶる波はここでとどまれ』と。」（『ヨブ記』38：8－11）

「存在しないもの」に向けて「ここまでは来てもよい。しかし、これ以上はいけない」と宣告する境界線がある。

以前、高野山の奥の院に足を踏み入れたときにも境界線に近づいたという感覚がした。弘法大師がそこでとどめた「高ぶる波」の微かな波動が感知された。聖域というのは、そこで完結している場所ではなく、何かとの「境」なのだ。機能的には「かんぬきと戸」なのだ。髑髏《どくろ》島の原住民たちがコングの人間界への侵襲を防ぐために建設した、あの巨大な「門」を想像してもらえればよろしいかと思う。「かんぬきと戸」がしっかり機能している場所だと、私たちは「高ぶる波」のすぐ近くまで行くことができる。

聖人とは、「境を定め、かんぬきと戸を設けて高ぶる波をおしとどめる」人のことである。

私たち全員がそのような仕事をしなければならないというわけではない。けれども、ときどき、聖人が登場して、「かんぬきと戸」の点検をすることは私たちが人間的秩序のうちで生きてゆくためには必須のことなのである。私は以前にそのような仕事のことを「センチネル（歩哨）」と呼んだ。

今私たちの社会制度のさまざまな箇所で「ほころび」が生じているのは、「歩哨」の絶対数が減ったことだと私は思っている。

福島の原発事故は「恐るべき力」を制御するための「かんぬきと戸」の整備と点検の仕事がほとんど配慮されていなかったことを示した。そこには会社の収益や、マニュアル通りの業務や、自身の組織内の立場を優先的に配慮する人間たちはいたが、「あなたの高ぶる波はここでとどまれ」と告げる「歩哨」仕事を自分に託された召命だと思っている人間はいなかった。

「境を守る」ことを本務とする人間を「戸」の近くに配備しなければならないという人類学的な「常識」を私たちはだいぶ前に忘れてしまった。

戦争もテロも飢餓も恐慌もない、豊かで安全な生活が半世紀続いただけで、日本人はその常識を忘れてしまった。私たちの生きているこの狭く、脆い世界は「境を守るもの」たちの無言の、日常的な、献身的な努力によってかろうじて支えられているのだということを忘れてしまった。

崩れかけたこの社会の再構築のための急務は「歩哨」の備給《びきゅう》である。「境」における歩哨のふるまいには定型的なマニュアルもガイドラインもない。もちろん、一般的な傾向はあるが（それは神話や恐怖譚として繰り返し語られている）、「存在しないもの」の侵襲はどのようなかたちをとるのかを私たちは正確には予測できない。だから、歩哨たちには「どうふるまってよいかわからないときに、どうふるまえばよいかがわかる」能力が必要なのである。

その「センサー」を研ぎ澄ますために経験的に効果的な方法が存在する。宗教的な修業や武道の稽古は本来そのためのものである。たしかに、そういうセンサーがきちんと機能している人がいる。

ＷＴＣへのテロのときに、「なんとなくビル内にいたくなくて」ビルから外に出て被害を免れた人がいた。地下鉄サリン事件のときも「なんとなく地下鉄に乗っていたくなくて」ふだん降りる駅の手前で下車した人がいた。九五年の大震災のあとに、その日に限ってふだん寝ている部屋とは違う部屋で寝たせいで危険を逃れたという人には何人にも会った。そういうセンサーが働いている人がいるのだ。でも、そういう人のことは新聞記事にもならないし、学術論文の主題になることもない。悪いことは何も起きなかったからだ。何かが起きた場合には、「どうしてそれが起きたのか？」という問いは主題化されるが、起きてもいいはずのことが起きなかった場合には、「どうしてそのことは起きなかったのか？」という問いは誰も立てない。

ＷＴＣのテロのあとに「用もないのにビルから出て一命をとりとめた人」の場合は、その人の娘さんがわざわざ東京から神戸まで私に会いに来て、「父は前にロンドンにいたときも、爆弾テロのあったビルから『用もないのに出て』危険を逃れたことがあるのですが、そういう能力を備えた人間はいるのでしょうか？」と訊かれた。「きっといるんでしょう」とお答えした。どういう経緯でそのような能力が身についたのかは、たぶん本人に訊いてもわからないだろう。

先日、こんな記事を読んだ。

大阪京都両府警の捜査官が広域事件について打ち合わせしたとき、京都府警の刑事が「こういう事件もあるんです」と、ある空き巣事件の容疑者の写真を大阪の刑事に示した。

打ち合わせが終わって外へ出て一〇分後に大阪府警の刑事は近くの競艇場外発売所近くでその容

疑者を発見した。この捜査員は雑踏の中から指名手配犯などを見つける「見当たり捜査」の専門家だったそうである。

そういうものだと思う。

彼らは警察官の視野から逃れようとする人々が発する微細なオーラを感知する能力を備えている。職務質問というのはかたっぱしからやるものではなく、「挙動不審」な人間をピンポイントして行う。「挙動不審」というのは、チェックリストがあって、そのスコアが高い場合にそう判断するというものではない。遠くにいる人間の、わずかな眼の動きや呼吸や心拍数の変化のようなものが感知される場合にそう言われるのである。

「そういうこと」ができる人が警察官になるべきであり、たぶんこれまではなってきたのだと思う。警察という制度はそのような能力を勘定に入れて制度設計されている。

刑事ドラマを見ていると、刑事たちがあまりにも容易に真犯人と遭遇するのを見て、「ご都合主義」だと笑いたくなることがあるけれども、よく考えてみると、警察の捜査というのは多分に「そういうもの」なのだと思う。だが、そういう能力は、その存否をエビデンスによって示すことができない。本来なら捜査員の採用のときには、そのような能力を採否の基準にすべきなのであるが、エビデンスを以ては示すことのできない能力の有無の判定にはエビデンスがないので（当たり前だ）、現在の公務員採用規定ではこれを適用することができない。

そのせいで、わが国の司法システムは劣化したのだと私は思っている。

「裁判官の心証形成」という不思議な法律用語があるが、これは裁判官が「複数の解釈可能性のうち、ある解釈を優先的に採択したくなる気分」のことである。「気分」に法律的な力が認められているのは、司法官（の少なくとも一部）には、「証言の真偽を直感的に判定する力が備わっている」ということが司法界では広く信じられていたからである。そのような能力を備えた人間が一定数存在することを前提にしてつくられた制度が、まったくそのような能力を持たない人間によって運用されるならば冤罪事件が起きるのも当然である。

アーサー・コナン・ドイルがエジンバラ大学の医学生だった頃に、医学部にジョーゼフ・ベル先生という異能の医師がいた。ベル先生ははじめて会う患者を一瞥しただけで、その人の出身地や職業や疾病歴を言い当てたという。コナン・ドイルは彼をモデルにしてシャーロック・ホームズを造形した。医師（の少なくとも一部）はそのような能力を有しているということを勘定に入れて医療制度もまた設計されているのだと私は思う。

予備役に回っていた東郷平八郎を連合艦隊司令長官に推薦したのは同郷の山本権兵衛海相であるが、明治天皇にその推薦理由を問われた山本長官は「東郷は運のよい男ですから」と答えたと言う。ナポレオン・ボナパルトも将軍たちを抜擢《ばってき》するときの考課基準として「運がよいこと」を重く見た。おかげで若い将校たちが次々と将軍や元帥に累進して、輝かしい軍功を上げた。この「運のよい将軍」たちに率いられたナポレオンの軍隊はたしかにその時点でヨーロッパ最強だったのである。

人間の世界の内部では「存在することが明証的であるものだけが存在する」「存在することのエ

ビデンスの示されないものは、存在しない」というルールが適用されている。「内部」はそれでよい。でも、「存在しないもの」とのフロントラインでは、そのルールは通用しない。そこはまさに「存在しないはずのもの」が「存在するもの」にかたちを変える、生成の場だからである。

そのような場にどのようにして「歩哨的資質」を持った人々を配することができるか。子どもたちのうちから、そのような「歩哨的資質」を備えたものをどうやって見出し、その能力を選択的に育成してゆくのか。

これは原理問題ではなく、純粋に技術的な問題である。

（二〇一一年八月七日）

稽古と学校

日本の未来を担うのは子どもたちである。どうすれば、ほんとうに日本の未来が担えるような、知的で、感情豊かで、器が大きくて、話がおもしろくて、包容力があって……そういう輝く子どもが育ってくれるのか。学校教育に携わる人間は何よりもそれを考えるべきであろう。試験で計れる点数なんか、極端な話、どうだってよい。

武道の道場では相対評価ということをしない。誰より誰が強いとか、巧いとか、そういうことは原則として話題にしない。そもそも入門してくるときもばらばらだし、性別も年齢も身体能力も違うわけだから比較する意味がない。比較したらめきめき上達するというのなら別だが、管見の及ぶ限り、同門の他人と強い弱い上手下手をうるさく比較されても、それで「めきめき」上達したという例を知らない。

　厳密に身体能力を比較しようとするならば「それ以外のすべての条件を同一にした場合」という限定が必要だが、武道は「それ以外のすべての条件が同一」な中で、限定的な能力を競うというようなことを想定していない。いつ、どこで、どういうことが起きるかわからないのだが、その危機的状況をどうやって生き延びるか、そのための生きる知恵と力を開発することが修業の目的である。それは他人と比較するものではない。比較する対象があるとしたらそれは「昨日の自分」だけである。自分自身の経時的変化を精密にモニターしていれば、とりあえず今自分が採用している稽古についての仮説が正しいかどうかは自己点検できる。

　経時的変化にもいろいろある。すぐに上達するが、その後長い停滞期に入る人もいる。あれこれ迂回したけれど、その寄り道のすべてが滋養になってのちに開花するという人もいる。いろんな人がいる。でも、稽古を続けていれば全員必ず才能は開花する。これは間違いがない。自分自身の成長を全力で阻止しようとしている人以外は、必ず上達する。特に学校体育でひどい成績だったという人が、あるとき爆発的に身体能力が開花することがある。これはかたわらで見ていて感動的でさえある。

だが、それと同じことがなかなか学校では起きない。自分の教え子が目の前でその潜在的な能力を爆発的に開花する場に立ち会って、感動したという経験を持つ先生はたぶんそれほど多くないと思う。なぜ、学校ではそういうことが起きにくいのか。

それは年次ごとに「ここまで」という到達目標を設定して、その達成度を考量し、同学齢集団の中での相対的な優劣を論じるからだと私は思う。

まず「格付け」を行い、格付け上位の子どもに教育資源を集中し、格付け下位の子どもには罰を与えるというようなシステムでは潜在的な才能が開花しない。実際にはすべての子どもたちは一人ひとりすばらしく個性的な才能を持っている。でも、あまりに個性的な才能の場合は、類するものを見たことがないので、それが潜在している間は、それがどういう才能なのか、何がトリガーになって開花するのか、教師にも親にも、もちろん本人にもわからない。

「こうすればどんな子どもでもその才能を発揮できる」というような一般的なマニュアルは存在しない。教える側の私たちにできるのは「手立てを尽くすこと」と「待つこと」だけである。

だから、教師に必要な資質は、よけいなものを削ぎ落として言えば、「手立てを尽くすことのできる教育上のフリーハンド」と「教育成果がある日発現するのをひたすら待つ余裕」、それだけである。教育方法の自由と時間的余裕である。

忍耐強く子どもたちの成長を見守っていけるだけの余裕があり、さまざまな教育方法を自由に試すことができるだけの自由度が保証されていれば、学校教育は大きくははずれない。

今の日本の学校では、教師たちは短期的に「成果」を出すことを急かされて、時間的余裕がなく、教育方法の自由度はさまざまに制約されている。子どもたちの潜在的才能の開花にとっては最悪の環境である。

学校教育改善の秘策をときどき訊かれるので、私はいつも同じことを答える。

子どもたちを格付けしない。相対的な優劣を論わない。

それさえできれば、教師にとっても子どもにとっても、学校はずいぶんと気分のよい場所になるはずである。

（二〇一二年三月一九日）

天賦の才能力について

クリエイティヴ・ライティングの今年最後の授業では「才能」についてお話をした。

天賦の才能というものがある。

自己努力の成果として獲得した知識や技術とは違う、「なんだか知らないけれど、できてしまうこと」が人間にはある。「天賦」という言葉が示すように、それは天からの贈り物である。

私たちは才能が開花するプロセスについて「自分の中深くにあったものが発現した」というふう

な言い方をすることがあるけれど、それは正確な言い方ではない。才能は「贈り物」である。外来のもので、それはたまたま今は私の手元に預けられているものである。それは一時的に私に負託され、私にはそれを「うまく使う」というミッションが委ねられている。

どう使うことが才能を「うまく使う」ことであるか、それは自分で考えなければならない。

才能を「うまく使う」というのは、それから最大の利益を引き出すということとは違う。

私がこれまで見聞きしてきた限りでは、才能は自己利益のために用いると目減りする。才能を名声や貨幣と交換していると、才能はしだいにその人から疎遠なものになってゆく。逆に、委ねられた才能を「世のため人のため」に使っていると、それはしだいに血肉化し、本性の一部になる。そこまで内面化した才能はもう揺らぐことがないし、失われることもない。

才能は自分のために使うと目減りし、他人のために使うと豊かになる。

長く生きてきてそのことがわかった。

私自身、これまでに豊かな天賦の才に恵まれた多くの若者を見てきた。彼ら彼女らは若くからはなやかな業績や作品を生み出し、高い評価を受け、すてきなスピードでプロモーションを遂げた。でも、彼らは自分の才能の効率的な使い方については十分に知っていたが、「才能とは何か？」という問いをあらためて自分に向けるということはあまりしなかったようである。才能を生かすことに夢中で、その本質について、自分にそれが「負託」されたことの意味について考える暇がなかったのだろう。

たしかに、生まれたときからずっと天賦の才能がいきいきと活動している状態が天然自然であったならば、あらためて「私にはどうしてこんな才能があるのだろう？」と省察する機会は訪れないだろう。私たちが臓器や骨格の所在をリアルに感知するのは、それが不調なときである。胃袋がつねに最高の機能で消化活動をしてくれていたら、たぶん私たちは「胃袋はどこにあるだろうか？」という問いさえ自分に向けることはないだろう。

でも、どんな天才でも、ある程度長く生きてくれば、現在自分の享受している社会的なアドバンテージのかなりの部分が自己努力による獲得物ではなく、天からの無償の贈り物だということに気づくはずである。

贈り物を受け取った以上、それに対して反対給付義務が生じる。それを感じるかどうか、それが才能の生き死にの分岐点になる。

反対給付義務とは、贈り物に対しての返礼義務が自分にはあり、それを怠ると「何か悪いこと」が起きるという信憑《しんぴょう》のことである。『贈与論』でマルセル・モースが言う通り、贈り物がもたらしたさまざまな利得を自分が占有し退蔵していると、ふつうの人は「何か悪いことが起こる」ように感じる。誰かに「おはよう」と挨拶を贈られたときに、それに返礼を怠ると、場合によってはかなり剣呑な事態になる。それと変わらない。

才能がもたらしたアドバンテージは贈り物である。もともと私有していた物ではない。贈られた以上、返礼をしなければならない。ただし、それは贈与者に直接等価のものを返礼するというかたちをとらない。「天賦の才」の場合、相手は「天」であるから、そもそも返しようがない。それに、あらゆる贈与において、「最初に贈与した人間は、どのような返礼によっても相殺することのできない絶対的債権者である」というルールが認められているからである。世界で最初に贈与した人間が一番えらいのである。贈与の「原初の一撃（le premier coup）」はどのような返礼を以てしても償却することができない。それゆえ、返礼は債務の相殺を求めてなされてはならない。してもいいけれど、「贈与を始めた」という先後関係におけるアドバンテージはどのような返礼によっても相殺できないからやっても無意味なのである。

この被贈与者が贈与者に対して感じる負債感は、自分自身を別の人にとっての贈与者たらしめることによってしか相殺できない。自分が新たな贈与サイクルの創始者になったときにはじめて負債感はその切迫感を緩和する。そのようにして、贈与はドミノ倒しのように、最初にひとりが始めると、あとは無限に連鎖してゆくプロセスなのである。

才能はある種の贈り物である。それに対する反対給付義務は、その贈り物のもたらした利益を別の誰かに向けて、いかなる対価も求めない純粋贈与として差し出すことによってしか果たされない。けれども多くの才能ある若者たちは、天賦の才能力には返礼義務が付き物であるということを知らない。でも、「自分の才能が自分にもたらした利益はすべて自分の私有財産である。誰ともこれをシェアする必要を私は認めない」という利己的な構えはほんとうに危険なことなのである。返礼義務を果たさないものの身には「何か悪いことが起きる」というのは、別にオカルト的な話ではなくて、人間性がそのように構造化されているからである。だから、人間らしいふるまいを怠ると、人間的に悪いことが起こり、人間的に死ぬのである。

生物学的には長命健康を保っていても、「人間的には死んでいる」ということがある。それは贈与と反対給付のサイクルから弾き出されるというかたちをとる。

贈与のもたらす利得を退蔵した人には「次の贈り物」はもう届けられない。そこに贈与しても、そこを起点とした新しい贈与のサイクルが始まらないからである。贈与者は、贈与のドミノ倒し的な広がりをめざして贈与を行うわけであるから、そこに贈与しても、贈与の連鎖が始まらないとわかると、天は贈与を止めてしまう。天賦の才能というのはいわば「呼び水」なのである。その「使いっぷり」を見て、次の贈り物のスケールとクオリティが決まる。

天賦の才能を専一的に自己利益の増大に費やした若者は、最初のうちはそれによって大きな利益を得るが、やがて、ありあまるほどにあるかに見えた才能が枯渇する日を迎えることになる。

前に「スランプ」について書いたことがある。スランプというのは「それまでできていたこと」ができなくなることではない。もっと厳密なのである。「できるはずがないのに軽々とできていたこと」ができなくなることである。「できることが、できる」と「できるはずがないことが、できる」とはまるで別のことである。「ふつうの人ができるはずのないこと」が自分には簡単にできるという経験をしたことがある人は少なからずいるはずである。それは運動能力の場合もあるし、記憶能力のこともあるし、絵を描いたり、楽器を演奏したり、踊りを踊ったり、歌を歌ったり……いろいろな発現形態がある。どうして、こんな簡単なことがみんなにはできないのだろう、と思ったときに、「ふつうならできるはずのないことが、自分にはできる」という事実から「だから、この能力は私物ではない」と推論することができたものだけが次の贈与サイクルの創始者になることができる。

自分の才能は私物ではない。ある種の公共財（コモン）である。だから、私以外の人たちにも、この才能を利用する権利がある。この才能が「要る」人がいたら、その人のために用いよう。そういうふうに考えられる人だけが次の贈与サイクルを立ち上げることができる。そして、私物から公共財へ切り替えることによって、その人の才能はもう一つ高いレベルに繰り上げられる。というのは、「私の才能は公共財だ」と思った人は、自分の持つこの能力、この技術、この知識はいったい誰の、どのような求めに応えることができるのだろうと考えざるを得ないからである。

私の支援を求めている人は誰か？　私を呼ぶ者は誰か？

すべての人間的事業はこの問いから始まると言って過言ではないのである。

（二〇一〇年一二月二六日）

第三部

かつての武道的なものと未来の可能性

戊辰の呪い

寺子屋ゼミでは一九三六年の二・二六事件と現在の「空気」の近さが話題になった。

統制派と皇道派の対立の賭け金は何だったのか？　何が蜂起した青年将校たちの「政治的正しさ」を主観的には根拠づけていたのか？

資料的なことを私はほとんど知らないが、それでも大筋はわかる。二・二六事件では青年将校たちの求めたものが浪漫的に脚色されすぎて、見えにくくなっている。というのは、このテロ事件の奥にはもっとリアルなものが伏流していたからである。陸軍内のポストである。

その前年に相沢事件というものがあった。統制派の首魁《しゅかい》、永田鉄山陸軍少将が皇道派の相沢三郎中佐に軍務局長室で斬殺された事件である。

陸軍内部にふたつの勢力があり、そのポスト争いは平時に軍人同士が殺し合うほど深刻なものだったというのは冷静に考えるとかなり異常なことである。ふつうの組織でも、派閥はあるし、ポスト争いもある。でも、人までは殺さない。

軍内部の人事異動（直接には真崎甚三郎教育総監の更迭）の「黒幕」だという風説を信じて相沢は永田を殺した。これを説明するためには、「教育総監」というポストが軍内部でどれほどの意味を持っていたのかを考えなければならない。

統帥権というものがある。

陸海軍への統帥権で大日本帝国憲法では天皇に属していた。戦略の決定、軍事作戦の立案、指揮命令、陸海軍の組織編制・人事職務の決定にかかわる権限である。形式的には天皇に属するけれども、まさか天皇が軍内部の人事異動まで起案できるはずがない。そういうものは軍で作って、「こんな案でいかがですか？」と上奏する。通常はそのまま裁可される。この権限を「帷《い》幄《あく》上奏権」という。この権限を持つのが陸海軍大臣、陸軍参謀総長、海軍軍令部長、そして陸軍教育総監であった。

帷幄上奏によって軍事にかかわるすべての勅令は下る。政府や帝国議会はこれに介入することができない。軍縮条約への調印や軍事予算の審議などの政府の専管事項についてさえ「統帥権の侵犯」と言って、軍部がクレームをつけることがしばしば行われた。

一九三〇年のロンドン海軍軍縮条約は兵力編制にかかわる決定であるが、浜口雄幸総理大臣は海軍軍令部からの「統帥権干犯《かんぱん》」という抗議を抑えて議決し、天皇の裁可を得た。これは当時国論を二分する論争となり、そのために浜口はテロに遭った。その後、西園寺公望の推挽《すいばん》で総理になった犬養毅も軍縮に手をつけようとして五・一五事件で殺害された。以後、政府や議会による統帥権干犯は絶対の禁忌となった。

　軍事費が毎年の国家予算の過半を占める国家において、帷幄上奏権を持つ者は総理大臣よりも大きな権力を行使できた。そのような強大な権力の座に、軍内部での「出世競争」を勝ち抜きさえすれば、手が届いたのである。これほど狭い集団内部での競争だけで国家権力の中枢までの「キャリアパス」を走り抜けられたのは日本史上希有のことである。

　この時期の特に陸軍に関する記述を読んだ人は陸軍軍人たちの略歴に必ず「陸軍士官学校と陸軍大学での成績順位」が記載されていることに気づいたはずである。日本の近代史には無数の人が登場するが、「学校の成績順位」がその人の最も重要な属性の一つであり、その人の行動の意味を説明する重要な根拠となっている世界は陸軍軍人の他にない。略歴に「陸大を首席で卒業」と書いてあれば、私たちは「なるほど」と思う。それは彼が順調に出世すれば、いずれ帷幄上奏権の保持者になることを高い確率で意味していたからである。

「勉強がめっぽうできる」ということが「天皇の君側で総理大臣以上の権限をふるう」ことに直結するような職業は戦前の日本には陸軍しかなかった。

　私たちは「軍隊」という言葉から、つい「武略」とか「士魂」というような浪漫的な気質を想像するが、戦前の日本について言えば、陸軍こそは「勉強ができること」がそのまま国家中枢への道に直接つながる、異常に勉強の費用対効果のよいキャリアパスだったのである。そして、その「合理的なキャリアパス」の合理性を阻んでいるのが、陸軍の「長州閥」であった。だから、統制派も皇道派も藩閥によるポスト独占にははげしく批判的であった。

皇道派の重鎮荒木貞夫は旧一橋家の出、相沢は仙台藩、永田は信州諏訪、統制派の東条英機は岩手。どれも藩閥の恩恵に浴する立場にない。一九二一年に永田ら陸軍一六期の秀才たちがひそかに合意した「バーデンバーデン密約」は軍制の近代化をめざしたものだが、人事的には「陸軍における長州閥打倒」ということに尽くされた。

その長州閥は一九二二年の山縣有朋の死で後ろ盾を失い、一九二九年、田中義一の死によって途絶えた。このときに、陸軍内部にはある種の「人事上のエアポケット」が生じた（のだと思う。専門家じゃないから資料的な根拠はないので、以下は私の暴走的思弁である）。

その中で人事上のヘゲモニーをめぐって統制派と皇道派の対立が激化する。両派が最も対立したのが軍略上のことではなくてポストの配分だったということが特徴的である。軍略上の対立であるなら、統計やデータに基づいて、どちらの世界戦略がより合理的であるかについての軍事学的・地政学的な論争が主戦場となったはずだが、寡聞にしてそのような論争のあったことを私は知らない。人事のあと、いきなり斬殺である。

この推理にどれほど妥当性があるのか、わからない。でも、一般論として、強大な権限にアクセスするためのショートカットが存在するという場合に、人間はだいたいろくなことはしないというのは経験的に真である。強大な権限にアクセスする資格は、いくつもの「修羅場」を生き残り、その人格識見のたしかさについて高い評価を得てきた人に限定する方が国は安全である。

私たちがとりあえず覚えておくべきなのは、統帥権という擬制によって、軍内部での人事異動という「内輪のパワーゲーム」に勝ち残りさえすれば、一般国民がその人物についてほとんど知るところのない軍人たちが帷幄上奏権を保持して、国政を左右できるというシステムが一九三〇年頃に成立して、わずか一五年でそのシステムが国を滅ぼしたという事実である。

（二〇一三年一月三〇日）

「ポストグローバル」時代のナショナリズムについて

近代日本政治史をもう一度勉強し直さなければならないという気分が醸成されているようである。若い学者たちが玄洋社や農本主義や軍制史を研究し始めている。どうして若い研究者たちの関心がそういう領域に向かうのか。私には即答する用意はないけれども、この分野の研究に緊急性があることは直感的にわかる。現に私の書斎の書棚を振り返ると、ここ数年のうちに北一輝、頭山満、大川周明、権藤成卿、宮崎滔天といった人たちについての研究書が増殖していて、書棚のかなりを占めるようになった。どうしてそういう思想家たちの仕事に興味がわいたのか、自分でもよくわからない。

おそらく現代日本に瀰《び》漫《まん》しているナショナリズムは「ナショナリズムとして空疎である」という

印象がしたことが一因ではないかと思う。ナショナリズムというのは、こんなに薄っぺらで、反知性的なものであるはずがない。もっと、重く、もっとどっしりとした、触れれば血の出るようなものであるはずだと心のどこかで考えているから、こういう思想家たちのものを手に取るようになったのだろう。

一八世紀以降の政治史上の事件には、英雄的なエピソードがいくつもあるけれど、そのうちの少なからぬ事例はナショナリズムに駆動されたものであった。

そのことは他ならぬマルクスも認めている。

アメリカの独立戦争でも、フランス革命でも、多くの市民たちが祖国と同胞のために、おのれの命や財産を捧げた。彼らの英雄的・非利己的な献身によって近代市民社会は基礎づけられた。

マルクスが「類的存在」と呼んだのは、私利や自己実現と同じくらいの熱意を以て公益を配慮する人間のことである。マルクスはそれをめざすべき理想として掲げたのだが、そういうことができたのは、「類的存在」が頭でこしらえた観念ではなく、マルクスの時代には、骨と血を備えた生身の人間としてそこかしこに存在していたからだと思う。四八年の革命で、あるいは七一年のパリコミューンで、歴史的使命を達成するために一命を惜しまない市民たちをマルクスはたしかに革命的光芒のうちに望見したのである。

ただし、「類的存在」は市民革命や独立戦争のさなかに「英雄的市民」というかたちにおいて一過的に存在するものであって、安定的・恒常的には存在しない。「職業革命家」という言葉はずいぶんのちにレーニンの頃に生まれたものであって、それまでの市民革命の時代の革命家たちは、「アマチュア」の革命家だった。アメリカ合衆国の独立戦争の戦士たちがそうであったように、ふだんは穏やかな社会生活を営んでいる市民たちが、「一旦緩急あれば」武器を手にして、戦場に駆けつける。戦いが終われば、また家に戻って、生業を続ける。そういう生き方が一種の理想とされたのである。

革命闘争と日常生活の間にシームレスな行き来があるような生き方、それがマルクスが「類的存在」という言葉で指し示そうとしていたものだと私は思う。そして、近代日本のナショナリストたちのうちにも「類的存在」たらんとした思想家がいたのではないかと思うのである。

勝海舟から坂本龍馬、中江兆民を経由して幸徳秋水に至る「反骨の系譜」というものが存在したという仮説を以前に立てたことがある。龍馬は海舟に師事し、その海軍塾の塾頭に挙げられた。兆民は少年時代に亀山社中で龍馬の温顔に接し、秋水はその兆民の学僕であった。おそらく坂本龍馬がクロポトキンを読んだら、たぶん深い共感を覚えただろうし、明治の半ばまで生き延びて植木枝盛の私擬憲法案を読んだら手を打って喜んだだろう。

私には古典的な「左右」の思想区分は、あまり本質的なものには見えない。本質的な壁は、私利の確保や全能感の獲得のために政治行動をする人間と「類的」な動機に駆動されて政治実践をする人間たちのあいだにある。

そして、政治史が教えてくれるのは、少なくとも近代においては、「類的存在」という政治的概念がナショナルな政治単位を超えて受肉した事例は存在しないということである。二〇世紀の多くの英雄的な闘争は「民族解放闘争」として行われた（残念ながら、成功した革命の闘士たちは必ずしも統治者としても類的であり続けたわけではないが）。国民国家の枠を超えたスケールの「グローバルな」政治闘争として私たちはスターリン主義と冷戦後のアメリカ帝国主義というふたつの頽落形態しか知らない。

類的存在というものを存立させるためには、個人が集団の運命とおのれ自身の運命を重ね合わせることができなければならない。「ここで私が立たなければ、私の集団は持たない」「ここで私が英雄的にふるまわなければ、私の集団は英雄的なものになれない」「ここで私が名誉を失えば、私の集団が名誉を失う」というタイプの公私混同が、こういってよければ「関係妄想」がなければ、人は類的存在になることができない。そして、このとき「私の集団」としてしみじみ実感できる集団のサイズはそれほど大きくない。最大限で国民国家までである。そして、「私の集団」のサイズが小さくなればなるほど、個人が自分の運命と集団の運命を一つのものだと感じる濃度は高まる。

だから、類的存在としておのれを鍛え上げようとする限り、ナショナリズムとどう折り合いをつけるかという問題から目をそらすことはできないのである。しかし、ナショナリズムと「公共」は食い合わせが悪い。多くのナショナリストたちは自分の帰属する集団を純血化したいという誘惑に簡単に屈してしまう。同国民に向かって「非国民」とか「反日」とか「第五列」とかいう罵倒を投げつける人たちは、必死になって「一蓮托生集団」のサイズを切り縮めているのである。

弱いナショナリストができるだけ小さな集団に帰属しようとする事情はわかる。だから、私たちはその対極に「強いナショナリスト」を想定しなければならない。「強いナショナリスト」というのは、自分が運命を共にすると見なしている集団をできるだけ大きなサイズにすることをめざす人たちのことである。戦前の大アジア主義者たちの中には、朝鮮半島の人たちや、中国大陸の人たちを「同胞」だと考えていた人たちがいた。彼らも「強いナショナリスト」であった。けれども、大アジア主義者たちは容易に国権主義に堕落した。それは「弱いナショナリスト」と「強いナショナリスト」を隔てるものが結局は個人の志や器といった属人的なものであって、イデオロギーではなかったからである。けれども、個人が類的存在にまで自らを高めようと思ったら、どこかでナショナルな基盤に軸足を置く他ない。戦前の「強いナショナリスト」たちの没落ぶりを見る限り、これはきわめて危険な企てである。しかし、ナショナリズムと類的存在を架橋する細い道の他に、政治的選択肢として広々とした未来につながる道はなさそうである。私たちはその危険で細い道をたどるしかない。その場合、「誰を信じるべきか、誰についてゆくべきか」のぎりぎりの基準は、政策コンテンツの綱領的な整合性や「政治的正しさ」ではなく、その政治思想家の「生身」だということである。

明治大正の政治思想家たちは、左右を問わず、身体を持っていた。可傷的な（vulnerable）な身体を持っていた。「人間は壊れる」ということを熟知していた。その壊れやすい人間を基準にして、政治的プロジェクトの適否を思量していた。

テロリズムというのは、思想の力は身体に担保されているので、身体を物理的に破壊してしまえば、思想も同時に力を失うという信憑なしには成立しない。「思想は属人的なものだ」という確信、生身の人間の担保ぬきの政治思想など無力であり無価値であるという確信がテロリズムを可能にしている。この確信には危険な半真理が含まれていることを私は認めざるを得ない。思想は身体に基づいて存在する。それゆえに、テロリズムの論理を反転させるならば、人間の生身としての脆弱性について深い理解を持つ人間しか、人間的な社会システムを作り出すことができないということである。アンチ・テロリズムの思想もまた、「思想は属人的なものだ」という公理に基づくことになる。

私にはそれくらいしかまだわからない。

（二〇一三年二月二七日）

『菊と刀』について

寺子屋ゼミで『菊と刀』についての報告を聞いて、ディスカッションをする。

もうずいぶん久しく手にとっていなかった本だけれど、読み返すと、ほんとうによくできた本である。ルース・ベネディクトはこの文化人類学的研究を文献と日系市民からの聴き取り調査だけでなしとげた。研究の依頼主はアメリカ国務省戦時情報局海外情報部。戦争に勝つためにアメリカには敵国の戦争指導部の意思決定プロセスを知る必要があったし、さらに言えば、戦勝後の日本列島占領政策を起案するためにも、日本人の考え方・感じ方を知っておく必要があったからである。

　同じ種類の仕事を大日本帝国の戦争指導部は行っていたであろうか。

　していなければならないはずである。外務省の外交史料館や防衛研究所のアーカイブを見ないとわからないけれど、たぶんそんな仕事は存在しないと思う。

　でも、それが「ない」というのは、はじめから「戦争に勝つ気がなかった」ということである。だから、負けたのだ。勝つ気がなければ、負ける。

　同じ仕事を、アメリカは日本に対するのと同時にドイツ、イタリアについても、たぶんヴィシーのフランスについても、もしかするとフランコのスペインについても行っていたかもしれない。人的資源に余裕があったらきっとやっていたはずである。『鷲と剣』とか『カエサルとドンファン』とか『百合とギロチン』とかいう研究書がもしかすると国務省の戦時情報局のアーカイブにまだ眠っているのかもしれない。タイトルを妄想するだけでも読みたくなってくる。誰かが探し出して日本語訳して欲しいが、それらはたぶんルース・ベネディクトのレベルには達していないであろう。『菊と刀』は誰が見ても天才的な人類学者の仕事だからである。

　『菊と刀』にはアジアの「未開人」に対する白人種の蔑視を含んだ自民族中心主義的なバイアスがかかっていると批判する人もいるが、およそこの世にある書物で「自民族中心主義的なバイアス」

がかかっていないものなど一つもないから、そういう批判にはあまり意味がないと私は思う。ことは「程度の問題」である。自民族中心主義的バイアスが「過剰」であるか「抑制的」であるかについての程度差を吟味することの方が、「所詮、自民族中心主義的だ」とまとめて棄却するより生産的である。

そもそも記述に際してある国語を選択するというだけで、もうその言語のコスモロジーの虜囚となることは避けられないのである。United States of America を「アメリカ合衆国」と訳した段階ですでに日本語にはアメリカにおける「State」という概念が存在しないことが露呈される。だから、State がなんであるかを知らぬままに私たちは話を進めることになる。

そういうものである。

価値中立的な仕方で他国民・他民族・他集団について記述することは原理的にできない。原理的にできないことをあたかも知的・倫理的努力さえあれば「できる」かのように不当前提しておいて、他人の仕事に難癖をつけるのはよろしくないと思う。

『菊と刀』は「アメリカ人は……であるが、それと違って日本人は……である」という並列的な記述を採用している。これを「アメリカの価値観を絶対化している」というのは無理筋の批判だと思う。ルイス・フロイスの『ヨーロッパ文化と日本文化』は文化人類学の先駆的業績だが、全編「ヨーロッパではこうだが、日本ではこうだ」という並列的記述だけで埋め尽くされている。そう書かないと日本文化の独自性を際立たせることができないからフロイスはそうしたのである。そんなものを書くなとフロイスに言っても仕方がない。現に、その資料のおかげで私たちは戦国時代の日本人がどんな生活をしていたのかを今ありありと想起できるのである。

とにかく『菊と刀』は第一級の文化人類学的研究である。

さて、その中で昨日の議論の中心になったのは、以下の箇所である。

「日本がその戦争を正当化するために用いた前提そのものが、アメリカのそれとは正反対であった。日本は国際情勢を異なった仕方で規定した。アメリカは枢軸国の侵略行為が戦争の原因であるとした。日本、イタリア、ドイツの三国はその征服行為によって、不法にも国際平和を侵害した。枢軸国が権力を握った所が満州国にせよ、エチオピアにせよ、ポーランドにせよ、それは彼らが弱小民族を抑圧する邪悪な進路に乗り出したことを証明する。彼らは『共存共栄』、あるいは少なくとも自由企業に対する『門戸開放』の国際間の掟に対して罪を犯したのである。日本は戦争原因について別な見方をしていた。各国が絶対的主権をもっている間は、世界に無政府状態がなくなることはない。日本は階層的秩序を樹立するために闘わねばならない。この秩序の指導者は、それはむろん日本である。なんとなれば、日本は上から下まで真に階層的に組織されている唯一の国であり、したがっておのおのがその『所』を得ることの必要性を最もよく理解しているからである。」（ルース・ベネディクト、『菊と刀　日本文化の型』、長谷川松治訳、講談社、二〇〇五年、三四～三五頁）

いささかわかりにくい記述だが、ベネディクトの「自民族中心主義」が最もあきらかに露出しているのはここである。

ベネディクトはここで「門戸開放・共存共栄＝一人ひとりが自由に世界を移動し、自由な活動をすることを最高価値とする組織原理」を「国際間の掟＝ユニバーサルな真理」とし、日本が採用している「ローカルな真理」である「階層的秩序＝一人ひとりが『所を得る』ことを最高価値とする組織原理」と対比させている。

私はこの対比のさせ方は正しいと思う。ただ、門戸開放・共存共栄が不可侵の「掟」であり、階層的秩序が「違法」であるというふうには考えない。

昨日の議論をもう一度繰り返せば、これは「グローバライズ」と「ローカライズ」の、「世界の均質化」と「地域の個性化」の、「開国」と「鎖国」の、「世界標準」と「ガラパゴス標準」の原理的な対立を映し出している。

大日本帝国の朝鮮半島・台湾出兵、満蒙進出はそのつどつねに「ここを取らないと日本は滅びる」という「生命線論」の話形で正当化されてきた。外形的には誰が見ても「海外侵略」だが、日本人の主観においては、これは「祖国防衛」のための止むに止まれぬ自衛行為であり、「他人の土地にうちの地所を護るための塀をつくる」というタイプの「既得権益保守」のための軍事行動であった。

ベネディクトはこの「既得権益保守」という「受け身」の行動、武道的に言えば「後手に回って、あわてて取り繕っている」タイプの行動を、主体的に選択された計算づくの侵略行動というふうに解釈したようである。これは少し見立てが違うと私は思う。

日本がやったことは客観的には侵略だが、主観的には祖国防衛なのである。この奇妙な心理機制を見落とすと、日本人がどうしてあのような「危険な行動」をとるのか、その理由がわからなくなる。これについてはかつて丸山眞男がはっきりと大日本帝国の戦争指導部には「戦争目的がなかった」ということを指摘している。丸山はさきの戦争について、これを主導した「世界観的体系」や「公権的基礎づけ」がないことに注目した。

「ナチスの指導者は今次の戦争について、その起因はともあれ、開戦への決断に関する明白な意識を持っているに違いない。然るに我が国の場合はこれだけの大戦争を起しながら、我こそ戦争を起したという意識がこれまでの所、どこにも見当たらないのである。何となく何物かに押されつつ、ずるずると国を挙げて戦争の渦中に突入したというこの驚くべき事態は何を意味するか。」（「超国家主義の論理と心理」、『新装版・現代政治の思想と行動』、未來社、二〇〇六年、二四頁）

現に、日本の行った戦争には綱領的な指導理念がなかった。

もちろん「五族協和」とか「八紘一宇」とか「四海同胞」とかいうスローガンはあった。けれども、それは被侵略国民に対して「私たちとあなたは同類である」ということをさまざまな言い方で言い換えたに過ぎない。

「ご存じなかったかもしれませんが、あなたの住んでいるここは実は『うちの地所』でもあるんです。だから、私たちがここに建てた『塀』はあなたを守る『塀』でもあるのです」というロジックで日本は東アジアや太平洋諸島の占領を倫理的に正当化した。丸山のいう「ずるずる」というのは、要するに、その政治的行為を主宰する主体がいない、ということである。

　ある決定の初発の意図を説明し、それを指導的に遂行し、それがもたらす功罪のすべてについて固有名において責任を取る人間がいない。既成事実の前に無限に屈服してゆき、個人としての責任の引き受けはこれを拒否する。つまり、日本は侵略して自国の領土を「拡げよう」としたのではなく、「ここまでを自国領土にしておかないと、自国領土が保全できない」という被害者意識に駆り立てられて、軍事行動を起こしたのである。

　ここで「自国領土」という同一語が文脈によって多義的に用いられていることが日本のふるまいの没論理性として外からは見えるのである。それは現在の竹島・尖閣諸島の領土問題や北方四島の領土問題を語る語法とも通じている。

「尖閣で譲歩したら、たちまち東シナ海、南シナ海全域を中国戦艦が跳梁跋扈《ばっこ》し、日本の領海は脅かされることになる」というのが「尖閣での武力衝突も辞さず論者」に共通する言い回しだが、「ここを譲ったら、あとはずるずるだ」という論に日本人は弱い。ほんとうに弱いのである。「ここを譲って、その代わりにあちらを取る」というタイプの「取り引き」をどうしても思いつけないのである。それができないのは、「ここ」を切れば血の出る「わが身の一部」として観念されているからである。

　ノモンハン事件で日本陸軍は資源もなにもない広漠たるハルハ河畔の草原をソ連軍と奪い合って二万人の戦死傷者を出した。辻政信が起草した「満ソ国境紛争処理要綱」には「国境線明確ならざる地域に於ては、防衛司令官に於て自主的に国境線を認定」し、「万一衝突せば、兵力の多寡《たか》、国境の如何にかかわらず必勝を期す」とある。この文言からは、関東軍参謀の観念していた「国境」が国際法上の実定的な境界線ではなくて、むしろ「皮膚感覚」に近いものであったことが察せられる。

だからこそ、防衛司令官には「自主的に国境線を認定」する権限が賦与されていたのである。自分の身体が切り刻まれているときに気がつかないやつはいないからである。日本が軍事行動において歯止めが利かなかったのは実は侵略的意図がなかったからである。自分の身体が切り刻まれて血を流していると思っていたのである。その痛覚が行動の理由なのであるから、わんわん泣きながら腕をぶんぶん振り回して、そこらじゅう走り回っても、治らないものは治らない。「すでに十分な利得を得たのだから、もうここらで矛を収めよう」という見切りができない。

アメリカはあきらかに侵略的意図を以てメキシコから領土を奪い、スペインからキューバとフィリピンを手に入れ、ハワイ国王を追放した。自分が何をしているのか、よくわかっている。ちゃんと大義名分がある。「市場の開放」と「世界の民主化」である。

市場が開放されれば収奪がなくなり、世界中の人が良質な商品を適正な価格で手に入れられるようになる。世界が民主化されれば、世界中の人が人権を守られて幸福な生活を送れる。そういう人たちから見ると、日本人の「他国の領土に入り込んで、そこに『うちを守る塀』をつくって、必死に閉じようとする傾向」の意味がわからない。

わからないだろうと思う。自分の「うち」を守りたいなら、列島に逼塞していればいいではないか。なぜ外に打って出るのか。

それは「ここを破られたらうちが危なくなる」という生命線が国の外にあるという言説に対して、日本人がまったく無抵抗だからである。抵抗できないのである。実を言うと、「どこまでが『うち』なのか」がよくわかっていないからである。だから、「うち」を守ることを最優先する人たちが真っ先に口走るのは「非国民」という言葉である。「うち」の中に「そと」が入り込んでいることを恐怖する心性と、「そと」に「うちの塀」がなければならないと思い込む心性は裏表一つのものである。

ベネディクトが「階層的秩序」といったのは、平たく言えば「うち／そと秩序」ということになる。つまり、『菊と刀』の引用箇所はほんとうはこう書かれるべきだったのである。

「日本は戦争原因について別な見方をしていた。日本は『うち／そと』秩序を樹立するために闘わねばならない。この秩序の指導者は、それはむろん日本である。なんとなれば、日本は上から下まで真に『うち／そと』的に組織されている唯一の国であり、したがっておのおのがその『うち』にあることの必要性を最もよく理解しているからである。」

こう書き換えると、ベネディクトの洞察が現代日本の外交的な意味不明さをみごとに説明していることに気づくはずである。

（二〇一二年一一月二八日）

熱誠のコミュニケーション

土木学会というところから「コミュニケーション能力について」の寄稿を頼まれた。九月に書いて送稿したものが活字になって今日届いた。学会誌なので、一般読者の目に触れる機会はないと思うので、そこに書いたものを採録しておく。

「臨機応変で事態に処することのできる力」は生物にとって必須の能力であり、それを涵養することが教育の本務であるという合意は私たちの社会にはもう存在しない。求められているのは「すべてを列挙した網羅的マニュアル」の整備と、「決して自己決定しないで、逐一上位者に諮《はか》って、その指示を待つ人間」の育成である。

まことに愚かなことと言わねばならない。

この病が蔓延《まんえん》したことによって「どうしてよいかわからないときに、適切にふるまう」という人間が生き延びるために最も必要な力が致命的に損なわれたからである。

わが国のエリート層を形成する受験秀才たちはあらかじめ問いと答えがセットになっているものを丸暗記して、それを出力する仕事には長けているが、正解が示されていない問いの前で臨機応変に、自己責任で判断する訓練は受けていない。むしろ誤答を病的に恐れるあまり「想定外の事態」

に遭遇すると、何もしないでフリーズする方を選ぶ。彼らにとっては「回答保留」は「誤答」よりましなのだ。だが、ライオンが襲ってきたときに「どちらに逃げてよいか、正解が予示されていないから」という理由でその場に立ち尽くすシマウマは最初に捕食されるだろう。だから、秀才たちに制度設計を委ねると、その社会が危機を生き延びる可能性は必然的に逓減《ていげん》する。

　今回私に与えられた課題は「土木技術者対社会といった、立場が大きく異なる者同士が互いにわかり合えずにいる現状」にどう対処したらよいのかについて原理的な考察を加えて欲しいというものであった。ここまで読まれたら、私からの提言はもうおわかり頂けたであろう。

「立場が大きく異なる者同士が互いにわかり合えずにいる」のはそれぞれがおのれの「立場」から踏み出さないからである。「立場」が規定する語り口やロジックに絡め取られているからである。

「わかり合う」ためには「立場」が定めるコードを適宜破ることが必要だというコミュニケーションについての基礎的知見が共有されていないからである。

「あなたは何が言いたいのですか。わからないので、しばらく私の方は黙って耳を傾けますから、私にわかるように説明してください」と相手に発言の優先権を譲るというのが対話のマナーであるが、このマナーは今の日本社会では認知されていない。

　今の日本でのコミュニケーションの基本的なマナーは「自分の言いたいことを大声でがなり立て、相手を黙らせること」である。相手に「自分を説得するチャンス」を与える人間より、相手に何も言わせない人間の方が社会的に高い評価を得ている。そんな社会でコミュニケーション能力が育つはずがない。

「相手に私を説得するチャンスを与える」というのは、コミュニケーションが成り立つかどうかを決する死活的な条件である。それは「あなたの言い分が正しいのか、私の言い分が正しいのか、しばらく判断をペンディングする」ということを意味するからである。

　ボクシングの世界タイトルマッチで、試合の前にチャンピオンベルトを返還して、それをどちらにも属さない中立的なところに保管するのに似ている。真理がいずれにあるのか、それについては対話が終わるまで未決にしておく。いずれに理があるのかをしばらく宙吊りにする。これが対話である。論争とはそこが違う。論争というのはチャンピオンベルトを巻いたもの同士が殴り合って、相手のベルトをはぎ取ろうとすることである。

　対話において、真理は仮説的にではあれ未決状態に置かれねばならぬ。そうしないと説得という手続きには入れない。

　説得というのは、相手の知性を信頼することである。

　両者がともに認める前提から出発し、両者がともに認める論理に沿って話を進めれば、いずれ私たちは同じ結論にたどりつくはずだというのが説得を成り立たせる仮説である。

「私は正しく、お前は間違っていた」という事態と「あなたは私の意見に合意した」の事態は、遠目で見るとありようは似ているが、アプローチが違う。

　コミュニケーションの失調を回復するために私たちは何をするか。

「身を乗り出す」のである。

相手に近づく。相手の息がかかり、体温が感じられるところまで近づく。相手の懐に飛び込む。「信」と言ってもよいし、「誠」と言ってもよい。それが相手の知性に対する敬意の表現であることが伝わるなら、行き詰まっていたコミュニケーションはそこで息を吹き返す。

かつて凡庸な攘夷論者であった坂本龍馬は開国論者である幕臣勝海舟を斬り殺すために勝の家を訪れたことがあった。勝は龍馬を座敷に上げて、「お前さんたちのようなのが毎日来るよ。まあ、話を聴くがいいぜ」と世界情勢について長広舌をふるった。龍馬はたちまち開国論に転じ、その場で勝に弟子入りしてしまった。

龍馬を説得したのは、勝の議論のコンテンツの正しさではない（龍馬には勝が語っていることの真偽を判定できるだけの知識がなかった）。そうではなく、自分を殺しに来た青年の懐にまっすぐ飛び込み、その知性を信じた勝の「誠」である。

幕末の逸話をもう一つ。

山岡鐵舟《てつしゅう》が江戸開城の交渉のために駿府に西郷隆盛を訪ねて東海道を下ったときの話。薩人益満《ますみつ》休之助《きゅうのすけ》ひとりを伴った鐵舟は、六郷川を渡ったところで篠原國幹《しのはらくにもと》率いる官軍の鉄砲隊に遭遇した。鐵舟はそのままずかずか本陣に入り「朝敵徳川慶喜《よしのぶ》家来　山岡鐵太郎《てつたろう》総督府へ通る」と大音あげて名乗った。

篠原は鐵舟のこの言葉を受け容れて、道を空けた。

鐵舟と篠原では立場が違っていた。ロジックが違い、コードが違っていた。コミュニケーションが成立するはずのない間柄であった。けれども、鐵舟はそこに奇跡的に架橋してみせた。鐵舟はあえて「朝敵」と名乗ることによって、篠原に次のようなメッセージを送ったのである。

あなたがたから見たら私は殺すべき相手であろう。私はそれを理解している。あなたの立場であれば、それは当然だろう。だが、その判断を機械的に適用することを今いっときだけ停止してはもらえまいか。判断を留保して、「目の前にいるこの男の言い分にもあるいは一理あるのかもしれない」という仮説的な未決状態を採用してはもらえまいか。現に私は幕臣であれば決して口にすることのない「朝敵家来」という名乗りをなしているではないか。私は私のコードを破った。あなたはあなたのコードを破ってはくれまいか。

篠原に向かって鐵舟はそう言って「身を乗り出して」みせたのである。コミュニケーションを架橋したのは鐵舟のこの「赤誠」である。

私はこのような力をこそコミュニケーション能力と呼びたいと思うのである。

（二〇一三年一二月二九日）

キャリアパスの変遷と武道

ご近所の灘高の文化祭で「東北」研究のパネル発表をするということで、高校生にインタビューを受けた。なかなか白熱したインタビューで、「東北とは」という切り口でものを考えたことがあまりなかったので、新鮮だった。

——まず先生は震災当時はどこにいらっしゃったのですか。

三月一一日はスキーに信州に行った帰りで、電車が止まって、直江津で足止めを食らってました。まだよく事情がわからなくて。でも、直江津でも、真夜中の余震が凄かった。恐怖を感じました。翌日電車が動いて、一日遅れで神戸に帰ってきました。

——先生は阪神淡路大震災も経験なさってるわけですよね。そのときと比べてみてどうですか。

何が違うかと言うと、自然現象そのものではなくて、それに対処するときの政治と社会の問題だと思います。今回の対応の悪さって、桁外れなんじゃないかな。日本の社会全体としての復興に対する、支援に対する態度っていうのがひどい。

阪神のときは、半年ぐらいでだいたい瓦礫も片づいて、日常生活は回復しました。そのときも行政の不手際にはずいぶん文句がつけられましたけれど、被災した人間の実感としては、行政はそこそこよくやったんじゃないかと思います。でも、今回は、まだ一六万人ぐらいの人が家に帰れないでいる。東電からの補償もほとんどされてない。ほんとうだったら革命が起こるくらいの怒りが住民の側にはたまっているはずなんだけど、じっと耐えてる。

その一方で、政府はＴＰＰだとか改憲だ原発再稼働だとかいう話ばかりしている。被災地支援よりも、「まず経済成長」という話になっている。被災地は見捨てられているというのが僕の実感です。東北のことなんか、もう考えたくないというのが政府の本音なんじゃないかな。

一九九五年と二〇一一年を比べると、政府と自治体の初動のまずさと、被災者に対する情の薄さが際立っていると思います。災害のスケールが違うから一律には論じられないけれど、それでもこの間に、日本の統治機構が激しく劣化したのは事実だと思います。政治家と官僚と財界人と、それとメディアですね、劣化したのは。

――具体的に例えばどんなことを問題に思いますか。

津波や地震の被害の復興のような物質的な手当はたとえ緩慢ではあっても、やるべきことはやってはいると思うんです。一番遅れているのは、原発事故の被災者に対するケアですね。本気で支援しているのだろうかと思う。

それと遅れているのは情報開示です。被害状況を包み隠さず開示していない。あのときいったい原発で何が起きたのか、今は何が起きつつあるのか、どんなリスクをわれわれは負っているのか、そのことをきちんと開示することが最優先のはずなのに、それを怠っている。

第二に、なぜこんなことが起きたのかを問うこと。「想定外」では済まされません。十分な危機管理ができていなかったから、こんなことが起きたわけで、ではいったいなぜ十分な危機管理がなされなかったのか、その理由が問われなければいけない。コストの問題なのか、政策判断の問題なのか、単なる怠業や責任放棄なのか。

でも、その問いも棚上げされたままです。とりあえずは追及をかわして、あれこれ言い訳して、適当にごまかして、ほとぼりが冷めるのを待とうという態度が東電も経産省もあらわです。基本的な態度が「ごまかす。ほとぼりが冷めて、メディアや国民の関心が薄れるのを待つ」ということなんです。特に自民党政権になってからは、原発は再稼働を前提にしていますから、どうやって原発のリスクを有権者に過小評価させるかが今は政策的に優先されている。

今も福島第一原発は危険な状態にあるわけですけれど、そのことはもう報道しないで欲しいと政府は思っている。政府も忘れるから、国民のみんなも忘れてくださいという態度です。

被曝リスクもそうですよね。甲状腺異常などがすでに報告されているけれど、政府はこれは原発事故には関係ない、誤差の範囲であるという判断に固執している。どんなリスクを日本人が負わされているのかを公開しない。

国民の健康のためには行政はある程度ナーバスになるべきだと思います。国民の健康についてのリスクを過大評価したせいで失うものと、過小評価して失うものは桁が違うんですから。

でも、リスクを過剰にアナウンスすると、今度は被災地産の農産物とか水産物とか国内外で売れなくなってしまう。経済的にはたしかにダメージがあります。でも、その経済的な損失は一億三千万の国民で分かち合う、ということでいいと思うんです。だって、福島の農作物が売れなくなったのは、福島の農家の自己努力の不足とか、経営の失敗とかじゃなくて、原発事故という国策のせいなんだから。そして、その国策を黙って支持してきたんなら、国民全体の責任でもある。

でも、東北の被災地への復興支援は日本人全体が引き受けるべきことだという挙国一致的な支援体制ができるためには、福島で今何が起きているのかを全国民の前にあきらかにしなければならない。被曝リスクがどれくらいの規模のものか、福島はどれほどの痛手を負ったのかをあきらかにしなければならない。政府も東電も、それがしたくないのです。できるだけ被害を軽微なものだと思わせておきたい。そうじゃないと、原発再稼働の道筋が通りませんから。その結果、全国民的な被災地支援機運が盛り上がらない。

それどころか、アベノミクスとか言って、株価とか金融の話に話題が一気に振れて、もう震災のことも津波のことも原発事故のことも、早く忘れたいという気分になっている。メディアでももうほとんど被災地の情報は報じられない。そんな景気の悪い話ばかり取り上げていると売れないと思っているんでしょう。そして、どの銘柄の株を買えば濡れ手で粟の金儲けができるかとか、そういう「景気のいい話」に話題を移している。

本来であれば国を挙げてどうやって被災地を支援していくか、どうやって復興の手だてを考えるかということに集中すべき時期なのに、みんな考えたくない。問題を直視しようという意欲を日本人自身がなくしているということだと思います。安倍政権の支持率は七〇%ですよ。東北の問題をばっさり切り捨てている人を国民の七〇%が支持している。東北の復興が日本にとっての最優先のイシューであるという認識がもう国民にはないんだと思います。それよりもＴＰＰと株価と改憲と尖閣問題とか優先してきている。

——今回の東日本大震災と阪神淡路大震災では規模がぜんぜん違うと思うのですが、だからこそ、対応が遅くなったとかいうわけでもなく、根本的にレベルが下がったということですか。

日本の統治機構のレベルは下がってます。今回は自衛隊の活躍が際立っていました。九五年も自衛隊は活動したけれど、今回は際立っていた。練度が高いし、被災者救援のインターフェイスがやわらかい。たぶんこういうレベルの災害出動を想定した訓練を受けて来たんだろうなということがわかります。有事を想定してふだんから訓練している行政組織って、今や自衛隊とか海上保安庁とか、そういうところしかなくなってしまった。それ以外の官僚機構は、「不測の事態にどう備えるか」という訓練をしていない。ライフラインが止まる、通信や交通が途絶する、情報が来ない、そういうときに手持ちの資源だけを使って何ができるか、そういう種類のシミュレーションを官僚たちはしていない。震災のとき、総理官邸地下の危機管理室には電話が二回線しか通っていなかったとか、地下なので携帯の電波が届かなかったということが後から報道されましたけれど、そういう基本的なミスが起きるということは、「危機管理室を実際に使う場合」を設計した人間自身が想定していなかったということですよね。危機を想定していない危機管理って、何ですか。

――じゃあ逆に行政の中ではそういうことは失敗と捉えきれてないということですか。

ないと思う。災害対応って、マニュアルなしでどう最適な判断をするかってことでしょう？　そういう訓練を今の日本人は誰もやっていないから。

――どうやったら鍛えられますか。

だから武道やってるんです（笑）。

――どういうことですか、武道の意味みたいなのって。

武道というのは、危機的状況をどうやって生き延びるか、その能力を開発するためのプログラムですから。ルールがあるところでライバルと競争するためのものじゃない。危機を生き延びる力を養っている。

だからよく「どうして合気道では試合がないんですか？」って訊かれるけど、武道ですから、あるわけがない。試合があるのはスポーツでしょう？ アリーナがあって、レフェリーがいて、ルールがあって、時間制限があって、何月何日何分試合開始って決まっていてやるのはスポーツ。武道というのは、いつ、どこで何が起こるかわからないという条件で、そのときに生き延びるための心と体の使い方を学ぶものです。

――今までの日本のどこに問題があると先生はお考えですか。

原発について言うと、戦後の原子力行政全体に問題があると思います。原子力テクノロジーって、はっきり言って、人間が完全にはコントロールすることができないものです。現に、放射性の廃棄物については、最終的な処理方法が確立してない。どんどん出てくる汚染物質をどう処理するか、そのテクノロジーが確立されていないうちに稼働を始めた。それがもたらす環境汚染のリスクや、廃棄物処理のコストを勘定に入れないで、「コストの安い発電機」として原発を導入していった。

原子力は人知を超えた、想定外のふるまいをするかも知れない危険なテクノロジーであるという覚悟を持った科学者もいたはずですけれど、その人たちの声は押しつぶされた。そして、「原子力は人間が管理制御できる、安全な発電装置です」という宣伝で国民を洗脳してきたわけです。

原発がどうも危険だし、高コストのテクノロジーらしいということはときどき報道されてきましたけれど、こちらとしてももう原発ができちゃった以上は、「なるべく事故が起こらないで欲しい」という願望があるわけで、その願望のせいで、いきおい原発の安全性を過大評価するようになる。「安全に操業して欲しい」という主観的な願望が「安全に操業されているはずだ」という客観的情勢判断と混同されてしまう。そういうすり替えが国民的規模で行われていたと思います。

非専門家は原発の現場がどういうふうになっているのかなんて知りようがない。だから、せめてフロントラインの人たちだけは原発の危険性を自覚しているべきだったと思います。仮に一般市民に対して「原発は安全ですよ」と嘘をついていても、内部的には非常に危険な物を扱っていて、一度事故を起こしたら、その被害は計り知れないものになるという緊張感を維持すべきだったと思うんです。でも、その緊張感が東電にあったようにはどうしても思えない。最大限の警戒心と恐怖心を持って原発を制御しようとしていたという覚悟が伝わってこない。たぶん、一般市民に向かって「原発は安全ですよ」と言って騙しているうちに、自分たちも自分たちがついている嘘を信じ始めたからじゃないかと思います。

嘘ってそうなんですよ。あまり習慣的に嘘をついていると、言っている本人が自分の嘘を信じ始めてしまう。たぶんそうやって、事故が起こらない時間が続けば続くほど、警戒心も恐怖心も鈍化していったんだと思います。

原発も初期の人たちは強い警戒心を持って仕事をしていたはずです。だって一九四五年の原爆を日本人はリアルに体験したわけですから。原子爆弾というのは、広島長崎の以前から理論的には作れることがわかっていたんだけれど、実験ができなかった。核爆発が一箇所で起きたら、それが連鎖反応を起こして、地球全体が吹っ飛ぶかもしれないというリスクがあったから。それが怖くて原爆実験できなかった。だから、マンハッタン計画が成功したときにわかったのは「どうやって原爆を作るか」じゃなくて、「核爆発しても地球は吹っ飛ばない」ということだったんです。

原子力テクノロジーって、最初からそういうものだったんですよ。実験してみたら何とかなったから、使ってみようという。そういう自転車操業みたいなものなんです。原理はなんとかわかる。やってみたら、お湯は沸かせることがわかった。でも、条件が変わるとどんなふるまいをするかわからない。とりあえずお湯は沸かせる。じゃあ、沸かして、蒸気でタービン回して、発電してみよう、と。そういう原始的なテクノロジーなわけですよ。

だから、原子力第一世代のエンジニアたちは自分たちが扱っているテクノロジーについて、「自分たちもよくわかっていない」ということはわかっていた。でも、続く第二世代、三世代目になると、「原発って、ただのコストの安い発電機じゃないか」という緩んだ気分になってきた。それなら火力や水力と同じ程度の扱いでいいんじゃないか、と。年が経つにつれて、原発に対する扱いがぞんざいになっていった。その結果、福島の事故が起きたということだと思います。

――こういうことがあったあとにこれから原発政策という面ではどういうふうに向き合っていけばいいんでしょうか。

今回、福島の原発事故でいったいどれぐらいの国富を失ったのかまだ試算してないですよね。国土の一部がこれから何百年間か居住不能になるんですよ。尖閣とか竹島とか言っているけど、そんなのただの岩礁でしょう？　でも、福島って、そこに何十万も生活者がいて、そこを生活基盤にしていた国土なんですよ。それが原発一個で失われた。われわれは国土を失ったんです。尖閣とか竹島とかいう話になると「寸土も譲らず」とか息巻く人たちも、福島で失われた国土については何も言わない。でも、どう考えても福島で失われた国土の方が巨大な損失なわけでしょう？

その被害を考えたら、原子力発電が火力発電に比べて多少発電コストが安いからと言って、そんなの桁違いじゃないですか。被災者にまともに補償しようとしたら、これまで火力との差額で原発が稼いだ分なんて、全部吹っ飛ぶ。経済的に考えても、原発はまったく間尺に合わないビジネスだったことがあきらかになった。

この損失は原子力行政がもたらした被害なわけですよ。愚かな原子力行政が国土喪失をもたらした。仮に今からもう一回大きな地震が福島を襲ったら、次は東京も居住不能になるかもしれない。原発再稼働派の人たちは「東京も住めなくなっても、まだ原発をやる」という覚悟があるんでしょうか。原発再稼働って、巨大地震が起きないことを前提にした「幸運頼み」のプロジェクトなんです。地震が来て、原発がつぶれた後も、「再稼働それ自体は正しい政策判断でしたが、想定外の地震のせいで事故が起きました」って言い訳が通ると思っているんでしょうか?

原発続けたいって言ってるのは、営利企業なんですよ。彼らは先のことは考えない。彼らの政策適否の判断基準は四半期なんです。三ヶ月。とりあえず四半期の収益のことだけしか考えない。

ご存じじゃないと思うけれど、アメリカの株式会社の平均寿命って5年なんです。日本はそれより少し長いけれど、似たようなものです。長期的に会社が存続することは、グローバル資本主義では特に重要なことだと思われていない。投資家にしてみれば、株買って高値で売り抜けることが最優先なわけで、株を買った会社があと何年生き延びるかなんてどうでもいいんです。理想的には、一回の株取引で、一生かかっても使い切れないくらいの個人資産を手に入れたい。企業がいつまで存続するかなんて、投資家にしてみたら、どうでもいいことなんです。

長期的に考えてみた場合、原子力発電を使うと日本の国土が汚染されて、取り返しのつかない損害をこうむるおそれがある。これは間違いない。だから、長期的にみたら「割に合わない」と考える方が合理的です。でも、営利企業はそうは考えない。原発を今再稼働すれば、今期の発電コストがこれだけ安くなる。それだけ収益が出る。配当が増える。だったら、原発再稼働を要求するのが当然、というのが彼らの思考回路なんです。日本列島がどれほど汚染されようとも、個人資産が増えるなら、ぜんぜん問題ない。四半期ベースで損得を考える投資家にしてみたら、向こう三ヶ月間に巨大な地震が起きないなら、原発動かした方が利益が出るんです。だから再稼働を要求する。それは彼らにしてみたら合理的な判断なんです。反対する人間の気がしれない。投資家たちは個人資産の増減だけを気にしていて、どこかの国の国土が汚染されようと、どこかの国の人たちが故郷を失おうと、そんなことはどうでもいいんです。

僕たち日本国民は日本列島から出られない。ここで生きていくしかないと思っている。だから、国土が汚染されたら困るし、国民の健康が損なわれたら困る。でも、グローバル企業やその株主たちには気づかうべき国土もないし、扶養しなければいけない国民もない。誰のことも気づかわなくていい。株価のことだけ考えていればいい。

それはそれで仕方がないんです。そういう商売なんだから。でも、問題なのは、そういう人たちが国民国家の政策決定に深く関与しているということです。「国民国家なんてどうなっても構わない」と思っている人たちが、国民国家の政策を決定している。これはちょっとひどい話でしょう？

大飯の原発再稼働のときの財界のロジック覚えてますか？　原発を動かさないと、火力だと製造コストが高くなる。だったら、もう日本を出てゆくしかない、と言ったんですよ。こんなコストの高い国ではもう製造業なんかやってられない。生産拠点を中国とかインドネシアとかに移すぞって、政府に脅しをかけた。グローバル企業にしてみたら、どこの国で操業してもいいんですよ。どこでも生きていける。どこの国にも義理なんかないから。
でも、「電力コストが高い」という程度の理由で、外国に出て行くと公言している企業が、「原発事故で環境が汚染された」というときに日本にとどまると思いますか？　当然、真っ先に出てゆくでしょう。自分たちで環境汚染リスクの高いテクノロジーの稼働を要求しておきながら、いざ環境汚染が起きたら、「こんな汚いところでは操業できない」と言って出てゆく。出てゆくに決まっています。自分たちが原発再稼働を要求したんだから、原発事故が起きても、頼んだ義理がある以上、日本にとどまって操業するというようなけなげなグローバル企業があると思います？
グローバル企業には国土も国民もないんです。金儲けにしか興味がない。それは彼らの本性だから変えようがない。けれども、国民国家の先行きに興味のない人たちが国民国家の重大な国策の決定に与《あずか》るべきではない。僕はそう言っているんです。

――そういう状態っていうのを改善できるんでしょうか。

できませんね。これがグローバル化の実質だから。安倍自民党政権というのは「グローバル化推進政権」ですから、このあともどんどんグローバル化が進行するでしょう。守るべき国土、扶養すべき国民という概念が空洞化するだけじゃなくて、国富という概念も空洞化する。つまり、人々がいかにして国富を私財に移し替えるか夢中になるということです。どうやって自分たちの私的なビジネスを税金で支援させるか、どうやって私用のために公務員を使うか、そういうことを政治指導者たちが考えている。

――原発の話に戻るんですが、原発って、東京で消費する電力を、福島で作ってたわけですよね。東京の犠牲になっていたわけですよね。なんでそういうシステムが生まれてしまうのでしょう。

戊辰戦争ですよ。戊辰戦争で、奥羽越列藩同盟が賊軍になって、それからあと一五〇年間、中央政府によって有形無形の差別を受けてきたからです。東北の出身者は中央に上がっていけなかったんですよ。政界でも官界でも財界でも……。

明治の藩閥政治の間は、東北出身者にはエリートへのキャリアパスは存在しなかったんです。だから、原敬は爵位を拒否したんです。あれは東北人の意地なんです。私は薩長藩閥が作った政府が出す勲章なんか要らないって。原敬の号は「一山」っていうんですけれど、あれは「白河以北一山百文」、東北地方は地価ただ同然という明治の東北差別に対する原の抗議のしるしなんです。

僕は、四代前が庄内藩士、三代前が会津藩士という賊軍の系譜の直系ですから、東北人の悔しさはよくわかる。東北人の屈託は内田家の家風ですから。「東北人には日が当たらない」、いくら努力しても報われないということがベースなんです。だって考えてみてくださいよ、東海道新幹線の開通が一九六四年で、東北新幹線の開通は二〇一〇年。半世紀遅れてるんですよ。

福島も地元が原発を誘致したわけだけれど、それは地元に産業がないからでしょう。産業がないのは福島県人の自己努力が足りないからじゃなくて、戊辰戦争以来一五〇年間の、東北に対する政治的・経済的な制裁の結果なんですよ。東北にはチャンスが与えられなかった。

下北半島に六ヶ所村ってあるでしょ。昔斗《と》南藩《なみはん》があったあたりです。会津藩が戊辰で負けたあとに、改封されて極寒の下北半島の原野に移された。不毛の荒地に。吹雪が吹いて、食べるものもろくに採れないところに会津藩士たちは追いやられ、そこでずいぶん餓え死にした。そういう不毛の地に今は再処理施設がある。産業がない。農作物も育たない。自然資源もない。でも、そこで生きていかなきゃいけない人たちがいる。だから、「よごれもの」を引き受けるという誘いに手を挙げざるを得なかった。他に生きる道がないから。

そういうふうに、ある種政治的な意図をもって、政府のどんな要求に対しても断ることができないくらい貧しい地域が作り出されている。そこに嫌なことを全部押し付けられるように。

――それは今の官僚であるとか政治家とかも、意識して政治を行ってるのですか。

いや、意識はしてないでしょう。むしろ無意識だからこそこんなひどいことができる。一五〇年間、ずっと無意識なまま東北は抑圧されてきた。君たちも東北人の証言には耳を傾けるべきだと思う。ぜひ読んでおいて欲しい本がある。『ある明治人の記録』。旧会津藩士ではじめて陸軍大将に昇進した柴五郎の伝記。会津が明治政府にどんな目に遭わされたか読めばわかるよ。

――ということはそのシステム自体は、例えば自分たちがそのシステムを認知したとしても、そうそう変わらないということですか。

だって一五〇年かかって作り込んでいるんだから。福島とか新潟とか福井とか、原発があるのは戊辰戦争で負けた藩のところばかりでしょう。戊辰戦争で勝った側にあるのは……玄海が佐賀にあって、それから川内が鹿児島にあるけど、佐賀も佐賀の乱で中央政府に反抗してるし、薩摩は西南戦争で反抗しているから。だから、長州には原発がない。今、一つだけ上関に計画だけあるけれど、地元の反対運動で結局まだできていない。

戊辰で勝った側と負けた側の原発設置比率を見るとわかると思う。歴然とした差がある。それは賊軍の土地はそのあともずっと貧しいままにとどめおかれたということですよ。

話がそれるけれど、元老山縣有朋と田中義一が死んだときに陸軍の長州閥が実質的に解体する。そのとき長州閥の重しがとれると同時に、東北出身の、陸士陸大出の人たちが陸軍内部で急激に大きな勢力を作り出す。彼らが中心になって皇道派・統制派が形成されるんだけれど、彼らの主要な関心事は軍略じゃなくて、実は陸軍内部のポスト争いだった。長州閥が独占していた軍上層部のポストが空いたので、それを狙った。

陸海軍大臣・陸軍参謀総長・海軍軍令部長・教育総監といういわゆる「帷幄上奏権」を持つポストを押さえれば、統帥権をコントロールできる。内閣より官僚よりも上に立って、日本を支配できる。そのキャリアパスが一九三〇年代の陸軍内部に奇跡的に出現した。そこに賊軍出身の秀才軍人たちが雪崩れ込んで行った。真崎甚三郎は佐賀、相沢三郎は仙台、ポスト争いで相沢に斬殺された永田鉄山は信州、統制派の東条英機は岩手、満州事変を起こした石原莞爾は庄内、板垣征四郎は岩手。藩閥の恩恵に浴する立場になかった軍人たちが一九三〇年代から一気に陸軍の前面に出てくる。

だから、あの戦争があそこまで暴走したのは、東北人のルサンチマンが多少は関係していたかもしれないと僕は思っています。結果的に近代日本を全部壊したわけだから。大日本帝国に対する無意識的な憎しみがないと、あそこまではいかない。戦争指導部は愚鈍だったと言われるけれど、ここまで組織的に思考停止するのは、強い心理的抑圧があったからだと思う。

一人ひとりはふつうに、合理的に生きているつもりでいても、長いスパンで見ると、そういうふうにふるまわざるを得ないような集団心理的な方向づけって、あると思う。人形つかいに操られる人形のように動かされてしまう。

福島に原発ができ、六ヶ所村に再処理施設ができるのは、個別的に見ると、そのつどの政治判断とか自治体の都合とかがあって選ばれたように見えるけれど、そういう個別の選択とは違うレベルでは、もっと大きな歴史的な流れがある。

――東北の人たちは第二次世界大戦の少し前に上り詰めていって、で、第二次世界大戦が起きた後、またそこで排除されたんですか。

二・二六事件とか五・一五事件の関係者には東北諸藩の出身者が多いでしょう。農本主義的なテロリズムには東北の怨念に通じるものがある。現に、故郷では親族が飢えているとか、身内が娼婦に売られるとか、そういうことが青年将校たちの場合はあった。だから、都市ブルジョワジーが政治を壟断《ろうだん》するのは許せない、と。そういう怒りがあったんだと思う。

青年将校たちが求めた社会資源の再分配というのは、ブルジョワジーが独占している資源を貧しい国民に還流せよという、一種社会主義的な匂いがあるわけです。日本軍国主義って、その意味ではアーシーなんです。地面に近い。だから、戦前の右翼思想って、一筋縄ではゆかない。

軍国主義者を輩出したという事実がまた、東北が戦後社会で無意識のうちに差別される理由の一つにもなったんじゃないかと僕は思う。東北の問題って、根が深いんですよ。

（二〇一三年四月二二日）

スティーブ・ジョブズと嘉納治五郎

教育の目的は何か。それは集団の存続である。

そのことは太古の集団を思い浮かべればすぐ理解できるはずだ。狩猟や採取で生きている集団なら、大人は子どもたちに狩りの仕方を教える、食べられる植物と毒草や毒キノコの見分け方を教える。火のおこし方、道具の作り方、気象の見方、集団における正しいふるまい方を教える。生きて行く上での基本的な技術を、ある程度の年齢になれば必ず年長者が組織的に子どもたちに教えたはずである。

子どもたちに自分たちが祖先から伝えられたものを継承しておかないと、その集団そのものが存続し得ない。学校教育の機能もそれと同じである。集団を存続させるための知恵と力を子どもたちに授けること、これに尽くされる。それが教育の第一目的、最初で最後の目的であって、それ以外の目的はすべて副次的なものに過ぎない。

だから、ある教育方法について、適否を吟味する基準があるとすれば、それは「その教育方法は子どもたちの市民的成熟に資するか？」以外にはない。

しかし、今行われている教育についての議論の中で、「それは子どもたちの市民的成熟に資するか？」という基準に基づいて教育実践の適否を論じる人を見たことがない。

教育について議論する新聞やテレビ番組が多く存在するが、子どもたちの市民的成熟を「ものさし」に採って改革の適否を論じたメディアを私は見たことがない。

こういうことをやると点数が上がる、偏差値が上がる、英語ができるようになる、読解力が上がる。たしかにそんな話はしている。きっとそれが教育の全部だと思っているのだろう。だが、そんなものがいったい何になるのか。

今の日本の子どもたちはあきらかに学力が低下している。それは教壇に立つ者として実感する。それは認めざるを得ない。だが、私が「学力」と言っているのは、ふつうの人が考えているそれとはまったく違うと思う。ふつう「学力」と呼ばれているのは単に成績のことである。私が「学力」と呼ぶのは成績のことではない。

たしかに、「成績」という意味での学力も下がっている。これは事実である。予備校では同学齢集団に、毎年同時期に同じ難度の模試を受けさせる。だから、素点を比較すれば、「学力」の推移はわかる。ふつうは成績評価には偏差値というものを使うが、これは同学齢集団内部のポジションを示す数値であるから、単年度についてしか使えない。「学力」の経年変化は偏差値をいくら見てもわからない。以前、知人の予備校教師に聴いた話では、二〇年前から模試の平均点は毎年素点で一点ずつ下がっているのだが、大学受験生という母集団全体の「学力」が低下していると、その事実は前景化しないということだった。

だが、問題はそのことではない。素点が下がっていることより「学ぶ力」が劣化していることの方が問題なのである。

試験の点数は「学力」の一部分しか測定できない。「学ぶ力」そのものは測定できない。

学ぶ力とは何か。それは乾いたスポンジが水を吸うように、自分が有用だと思う知識や技術や情報をどんどん貪欲に吸い込んで、自分自身の生きる知恵と力を高め、共同体を支え得るだけの市民的成熟を果たすことである。それを「学ぶ力」と呼ぶ。少なくとも私はそう理解している。

学力を構成する条件は三つある。

第一に自分自身の無知、非力についての不全感、不満足感である。私はものを知らない。だから、もっと知りたい。世界の成り立ちについて知りたい。何で世の中はこんな仕組みになっているのか、どうして人間はこんなふるまいをするのか、それを理解したい。でも、わからない。だから、知りたい。そういう自分自身の無知と無力さに対する不全感、「もっと大人になりたい」という切実な願い。これが学力を構成する第一の要件である。

どれほど試験の成績がよくても、「オレは必要なことは全部もう知っているので、これ以上学ぶべきことはない」と豪語する子どもがいたら、その子には「学ぶ力」がない。その理屈はわかると思う。

先ごろ亡くなったスティーブ・ジョブズのスタンフォード大学の卒業式での有名なスピーチがある。YouTubeで見て、私は深い共感を覚えた。彼はその中でこう言っていた。

半生を振り返って、一番大事なことは、「心と直感に従う勇気を持つことだ（to have the courage to

follow your heart and intuition）」と。どうしてかというと、「あなたの心と直感は、あなたが本当は何になりたいかを知っているからである（they somehow know what you truly want to become）」。すばらしい言葉である。「学ぶ力」の二番目はこれである。「勇気」。

こういうことを勉強するとこういういいことがある、この知識や技能や資格や免状はあなたの自己利益をこうやって増大させるというような情報に耳を貸すなとジョブズは言っているのである。というのは、周囲の人が「これを勉強しろ。これを勉強するといいことがあるぞ」とうるさく言い立てている通りに勉強するためには勇気は要らないからである。勇気が要るのは、「そんなことをしてなんの役に立つんだ」「そんなことやっている人はどこにもいないぞ」「止めとけ止めとけ」とまわりが足を引っ張る場合だけである。

そういう抑止に対して子ども自身は有効な反論ができない。親や教師を説得できない。でも、どうしてもこれがやりたい。これを学びたい。この師匠についてゆきたい。そう切実に願う。だから、周囲の反対を押し切って、自分が学びたいことを学ぶためには勇気が要る。自分の「心と直感に従う」には勇気が要る。

ジョブズは大学に入って半年で、授業に興味を失ってドロップアウトした。そのあとも、することがないので大学近くの友人の家にいて、こっそり大学に潜り込んで、自分が興味を持てる授業だけを聴講した。そのときにカリグラフィー、アルファベットの習字を履修した。いろいろな書体とその書き方を勉強した。それがいったい何の役に立つのか、授業を受けているときにはわからなかった。でも、一〇年後にわかった。

最初のマッキントッシュ・コンピュータを設計するときに、ジョブズは「コンピュータは複数の美しいフォントを印字できなければならない。文字が最も美しく見えるように自動的に字間調整できなければならない」と思ったからである。「文字の美しさ」というコンセプトをコンピュータの世界に持ち込んだのはジョブズが最初である。彼がカリグラフィーの授業を受けていなければ、たぶん複数のフォントから好きなものを選んでディスプレイに表示し、印字するという機能はコンピュータの標準仕様にはなっていなかっただろう。

カリグラフィーを履修したのは彼が「自分の心と直感に従った」からである。そのときには今習っていることが将来何の役に立つのか、彼は予測していない。そもそも将来自分がどんな職業に就くことになるのかだってわかっていなかった。だが、一〇年後に振り返ると、カリグラフィーの授業と、マッキントッシュの設計は、くっきりとした一本の線で結ばれていた。

ジョブズはこれを「点を結ぶ」（connecting the dots）という言い方で表現していた。私たちは何となくあることがしたくなり、何となくあることを避けたくなる。理由を訊かれても、答えられない。だが、何年か何十年か経って振り返ると、それらの選択には必然性があることがわかる。自分がこれからどういう「点」を結んで線を書くことになるのか、事前にはわからない。「点を結ぶ」ことができるのは、つねに事後的、回顧的に自分の人生を振り返ったときだけである。

学びにおいて「先達（メンター）」を選ぶときもそれと同じである。「この人についてゆこう」と思った。どうしてそう思ったのか、そのときには言えない。でも、どうしてかわからないけれど、この人についていったら「自分がほんとうにやりたいこと」に行き当たりそうな気がする。その直感に従って、人は先達と出会う。

ただし、先達のありようは多様である。必ずしも生涯にわたって弟子が敬慕し続けて止まない恩師という人には限られない。進むべき道を教えるということに限って言えば、場合によっては、行く先を指さすだけで終わりということもある。渡し舟の乗り場でぼんやりしていたら、「乗るかい？」と言って、向こう岸まで渡してくれて、それでお別れということだってある。それでも立派な先達である。

夢枕獏が講道館柔道の創始者、嘉納治五郎を主人公にした『東天の獅子』という小説を書いている。そこに先達についての興味深いエピソードが出てくる。

嘉納治五郎は、九歳のときから漢学と英語とドイツ語を学び、明治一〇年には東京大学に入って学んだ秀才である。これから日本の近代化を担う有為の人材たるべしという周囲の期待を担った治五郎少年はなぜかそのとき日本の伝統的な柔術をやりたいと思った。柔術を学びたい。どこで教えてくれるのか、あちこち聞き回った。だが、明治初期であるから、武術に対する社会的ニーズはもうほとんどない。修業する人もいないし、教える人もいない。

当時、行き場を失った柔術家たちの多くは「骨接ぎ」で生計を立てていた。治五郎少年は街を歩いて、骨接ぎがあると、そこを訪ねて「もしご存じなら、柔術をご教授願えないか」と頼み込んだ。

でも、どこにも、そんな時代遅れのものを教える物好きはいない。

ある日、八木貞之助という人に出会う。天神真楊流《てんじんしんよう》という古流を伝えている骨接ぎの先生である。だが、八木は自分では教えることができないので、同門の福田八之助を紹介しようと言う。そして、治五郎少年を福田八之助のところまで連れてゆく。治五郎は福田に入門して、柔術の手ほどきを受ける。福田先生の死後は、同門の磯正智《いそまさとも》に就いて学び、磯の死後は、起倒流の飯久保《いいくぼ》恒年《つねとし》を紹介されて、その教えを受けて起倒流免許皆伝を得て、明治一五年に、講道館を開く。

この柔術家たちはみな嘉納治五郎にとっての先達である。全員が「進むべき道」を教えてくれた。中には八木のように「ある角から次の角まで」道を教えてくれただけの人もいる。だが、八木がいたおかげで「点」がつながった。

ジョブズや嘉納治五郎の話は学校教育の基本が何かを伝えている。治五郎少年は柔術がやりたかった。でも、何で柔術がやりたいのかを周囲の人にはうまく説明できなかった。でもやりたかった。そういうものである。それはスティーブ・ジョブズがどうしてカリグラフィーのクラスを履修したのか、その理由をその時点では言えなかったのと同じである。学びの始点においては自分がどうしてそれを学びたいと思うのか、その理由を言うことができない。学んだあとに、事後的に自分がそれを選んだ理由がわかる。それが成長するということである。

成長する前に「僕はこれこれこういうプロセスを踏んで、これだけ成長しようと思います」という子どもがいたら、残念ながら、その子には成長するチャンスがない。というのは、「成長」とは、それまで自分が知らなかった度量衡で自分のしたことの意味や価値を考量し、それまで自分が知らなかったロジックで自分の行動を説明することができるようになるということだからである。

（二〇一一年一一月二四日）

人間性を基礎づけるのは弱さである

平川克美くんと新春の「たぶん月刊話半分」のラジオ収録を久が原の平川くんの家で行う。平川くんのご実家を訊ねるのは四〇年ぶり。久が原の街のたたずまいは昔とほとんど変わっていない。

子どもの頃読んだ『少年』には、二一世紀には中学生はエアカーに乗って、銀色の宇宙服着て、宇宙ステーションみたいな学校に通うようになると描いてあった。ぜんぜんそんなふうにはならなかったね、とふたりで歩きながらぼそぼそ話す。九〇年代のバブルの頃、街の様子ががらりと変わりそうになったけれど、それも一時のことだった。結局半世紀前とそれほど変わらない生活を私たちはしている。生活の惰性というのはなかなか侮れないものだね、という話をして、頷き合う。

ラジオの主題はイデオロギーと生活感覚の癒合《ゆごう》と乖離《かいり》について。

空理空論のイデオロギーは危険なものだけれど、それを制御するものとして、身体があり、日常の生活がある。「百日の説教、屁一つ」と言う。いくら大義名分を掲げて偉そうなことを言っても、それを語っている当の本人の身体が語っている言葉を裏打ちしていないと、「ここがロドスだ、ここで跳べ」という地場からの挑発には対抗できない。「それだけ言うなら、ここでやってみせて見せろ」という言葉が空理空論には一番強い。

身体実感のある言葉を語っているかどうか、それは久しく知的言説に対する日本の庶人の身にしみた批評的規矩であった。平川くんも、高橋源一郎さんも、橋本治さんも、小田嶋隆さんも、町山智浩さんも、それを批評性の根拠としてきたのだろうと私は思っている。

けれども、この庶人的批評性には弱点がある。それは「イデオロギーが身体化してしまった人間」には有効な反撃ができないということである。

イデオロギーが身体化した人間というのがときどきいるのである。例えば、日本軍国主義をドライブしたのは、いわゆる「青年将校」的なエートスであった。これは石原莞爾的な妄想的世界戦略と東北の寒村の次男坊三男坊の貧窮と飢餓と劣等感が生み出したルサンチマンのアマルガムである。だから、都市の左翼的知識人やリベラル派は、青年将校たちの「戦略」は批判できても、「飢饉の年に娘を苦界《くがい》に沈める貧農の苦しみが、お前らにわかるか」と一喝されると口を噤むしかなかった。日本では、このようなコロキアルな身体実感をもつ言葉と政治的幻想が癒合したタイプの言説が伝統的に最強なのである。

私が味わったこの苦しみを、お前は想像できるか、追体験できるか、理解できるか、できはしまい……という「被抑圧者の肉声」の前には誰もが黙り込むしかない。これは私たちの政治文化に深く根をおろした伝統的な恫喝の語法である。

日本の知識人はこのような語り口に対して効果的に対抗する手段を持っていなかった。だから、肥大した政治的野心をもつ人々は、どんな政治的主張であれ、最後に「お前らのようなぬくぬく暮らしている人間に、オレの苦しみがわかってたまるか」と付け加えさえすれば、誰からも効果的な反論がなされないということを学習した。

この語り口が「最強」であったのは、彼らのいわゆる「身体実感」なるものがフェイクだったからである。彼らが実感していると称する「オレの生身」それ自体がイデオロギーな構築物だったからである。

ほんとうの生身はアモルファスで、密度に濃淡があり、多孔《たこう》的で、ふにゃふにゃしていて、そこいらじゅうに「取りつく島」がある。だから、ほんとうの生身はデジタルな境界線を持たない。だから、相手の言葉を正否や真偽を基準にして、打ち切ったり、黙らせたりすることができない。身体にできるのは、「なんか、それ、ちょっと嫌」「あ、それ、わりとダメかも」くらいのリアクションだけである。身体は本質的にアナログな連続体であって、デジタルな切断が苦手なのである。

私たちが身体実感を批評性の基盤に選んだのは、そこが不倶戴天《ふぐたいてん》の対立者をも対話に導きうるぎりぎり最終的な基盤たりうるような気がしたからである。言語が違っても、宗教が違っても、生活習慣が違っても、政治イデオロギーが違っても、生身をベースにする限り、私たちはかろうじて共通のプラットホームを立ち上げることができる。

というのは、生身は疲れ、飢え、傷つき、壊れるからである。可傷性、有限性、脆弱性が「生身の手柄」である。

どれほど政治的に正しい計画を抱いていても、一日八時間眠り、三度の飯を食い、たまには風呂に入り、知己と痛飲し、清談し、また生計を立て、家族を養いながらできること以上のことは生身の人間にはできない。一時的にはできても、長くは続けられない。その生身の弱さ、脆さがイデオロギーの暴走を抑止する。だから、私たちは身体実感に依拠する庶人的批評性を頼もしく思ってきたのである。

しかし、今私たちが直面しているのは、もう少し複雑な状況である。それは、私たちの前に立っているのが、自分の身体実感を観念的に操作することのできる人々だからである。

長い自己欺瞞の訓練によって、イデオロギー主導で、ヒステリックになったり、激昂したり、涙ぐんだりできる人間たちが登場してきた。彼らはそうやって「フェイクの生身」を操作して、イデオロギーに身体実感という担保を付けることに成功した。

戦前の軍国主義イデオロギーの圧倒的な成功は、この「観念的に操作された、作りものの痛み」を縦横に駆使しえたことにある。「プロレタリアの悲しみが、貧農の痛みが、前線で泥水を啜る兵隊の苦しみが、お前らのような気楽な市民にわかってたまるか」という決め台詞をかんどころで絶叫すれば、あらゆる市民的反論を封殺できる。この成功体験は集団的経験知として文化のアーカイブに登録された。そして、ときどき目端の利いたやつがそこから取り出して、効果的な使い方をする。

六〇年代のいわゆる「肉体の叛乱」は、この軍国主義の利器を左翼的に奪還する試みであったと私は思う。その奪還戦はたしかに局地戦的には勝利を収めたように見えた。だが、その勝利は「フェイクの生身」という取り扱いの難しい政治的飛び道具の定性分析や統御技の学的な捉え直しには結びつかなかった。

そのあと三〇年ほど身体性の希薄な時代が続いた。そして、生身の政治学について私たちが忘れかけた頃に、それは別の意匠をまとって戻ってきた。

それが私たちの前にある政治的ポピュリズムである。

ポピュリズムは「生身を偽装したイデオロギー」である。

コロキアルで、砕けた口調で、論理的整合性のない言説を、感情的に口走ると、私たちはそれを「身体の深層からほとばしり出た、ある種の人類学的叡智に担保された実感」と取り違えることがある。そのことを一部の政治家とイデオローグたちは学習した。

侮れない人々である。

彼らの語り口は私や平川くんのそれと表面的には似ていなくもない。コロキアルでカジュアルな文体の上に、学術的なアイディアや政治的な理念が載っている。でも、彼らの話の方がずっとわかりやすい。彼らは「プロレタリアの苦しみ」の代わりに「ふつうの人間である、オレの利己心と欲望」をベースに採用した。

かっこつけんじゃねえよ。

お前だって金が欲しいんだろ？

いい服着て、美味い飯を喰いたいんだろ？

それでいいじゃねえか。

隠すなよ。

他人のことなんか構う暇ねえよ。

自分さえよければそれでいいんだよ。

そういう「リアルな実感」の上に「やられたらやり返せ」という中学生的マチスモと市場原理主義、弱肉強食の能力主義の言説が載っている。

でも、そういう種類の攻撃的で断定的な言葉にも人間の生身は長くは耐えられない。少なくとも私たちは耐えられない。彼らは耐えられる。いくらでも長い時間、生身の人間には耐えられないような生臭い言葉を吐き続けられる。それは、その言葉が「フェイク」だからである。同じフレーズを何百回繰り返しても平気でいられるのは、それが身体の中から浸みだすものではなくて、どこかから持ち込んだ「既製品」だからである。

人間の身体から発する言葉は、繰り返しに耐えられない。激情に駆られて、一時的には攻撃的であったり、断定的であったりすることはできるが、長くは続けられない。人間の身体に足場を置く言葉はもっと弱い。もっとへなへなしている。

『ジュラシック・パーク』でマルコム博士（ジェフ・ゴールドブラム）はＤＮＡ操作で創られた恐竜たちがもしほんとうに生命体であるなら、いずれ思いがけない仕方で人間の制御を逃れるだろうと不吉な予言をする。そのときマルコム博士がつぶやく言葉が「生命は道を見つける（Life finds a way）」である。

生きている言葉は必ず思いもかけない仕方で、これまで誰も言葉にできなかったアイディアを言葉にする。だから、生きている言葉ならば「必勝の」同一フレーズを繰り返すことはしない。しないというより、できない。生物は常同的であることができない。より複雑なものになることによって生き延びてきたからだ。

フェイクの身体を足場にする言葉と、生身の身体を足場にする言葉との違いは、後の方が弱いということである。

弱さは武器にはならない。

けれども、最終的に人間性を基礎づけるのは、その脆弱性なのだと私は思う。

平川くんとそんな話をした。

（二〇一一年一月五日）

組織人と職人

佐藤学・上野千鶴子のお二人と共編で『学問の自由が危ない』（晶文社）という本を出した。菅政権による日本学術会議の新会員任命拒否問題を論じたもので、多くの学者、ジャーナリストが快く寄稿依頼に応じてくれた。

すでに一四〇〇の学会が政府の措置に対しての抗議声明を発表しており、この件については、このあと、どれほど長期戦になろうとも、どのような政治的恫喝が加えられても、日本の学者たちは一歩も譲らないだろうと私は思っている。

だから、問題はどうして官邸はただでさえコロナ対策で忙しいさなかにこんな面倒なトラブルを進んで引き起こしたのかということである。

推理することはそれほど難しくない。

彼らはこの程度のことが面倒なトラブルになるはずがないと高をくくっていたのである。六人の新会員はいずれも過去に安倍政権に批判的な発言をした人たちである。菅政権は、その発足時点で「政権批判をする学者にはいかなる公的支援も与えない」ということを宣言して、日本の学者たちに「誰がボスか」を教え込んでやろうとしたのである。政治的に何の緊急性もない任命拒否を政権発足直後にわざわざ行ったのはそれが効果的な「マウンティング」になると思ったからである。安いコストで宣伝効果抜群の政治的な「打ち上げ花火」を仕掛けたつもりだったのである。学者は一喝すれば縮み上がり、金をやると言えば尻尾を振る。これは安倍政権での「成功体験」から導かれた彼らの経験知である。

まことに遺憾なことだが、これはかなりの程度までは正しい。

事実、過去四半世紀、教育行政は大学教員に屈辱感を与えることについてはきわめて熱心だったが、それに対して教員たちはほとんど何の抵抗も示さずに、黙って従ってきたからである。

一九九〇年代からあとの大学の「株式会社化」圧力はすさまじいものがあった。大学設置基準大綱化に伴う市場原理の導入、評価による研究教育資源の傾斜配分、相互評価（これは「どうすれば研究教育のアウトカムが向上するか」を議論するために研究教育のための時間と労力を犠牲にするというきわめて倒錯的なタスクだった）、国立大学の独法化などなど……きわめつけは二〇一五年の大学のガバナンスに関する学校教育法改正だった。

これによって大学教授会は決定機関としての権限を奪われ、単なる学長の諮問機関に格下げされた。入試判定、卒業判定の形式的なセレモニーを許されたくらいで、学長が「必要ない」と判断した案件については教授会にはもう諮問されることさえなくなった。

一片の政令によって大学自治の基幹である教授会民主主義が破壊されたのであるが、このとき、日本の大学人は抵抗しなかった。一八万人の大学教員はデモもストもせず、黙ってこの屈辱的な権限剥奪を受け入れた。それを見た政治家たちが、大学教員というのはほんとうに性根のないやつらだと思っても不思議はない。

日本の学者たちは大学教員全員にとって死活的価値を持つ自治権を奪われたときにさえ何の抵抗もしなかった。だとしたら、わずか六人の学者からその公的資格の一部を剝奪する程度のことに抵抗するはずがない、官邸はそう信じた。それは過去の「成功体験」からすれば帰納的に正しい推論であった。

しかし、意外にも、学者たちは猛然と官邸に牙を剝いた。このような激しい反抗を官邸は予測していなかったはずである。どうして予測を誤ったのか？

それは官邸が学者は「組織人」であると同時に「職人」でもあるという二面性を持つという事実を見落としていたからである。

組織人としての大学人は黙って上位者の命令に従う。その点では、ふつうのサラリーマンと同じである。会社では、ＣＥＯのアジェンダに賛同するイエスマンが重用され、反対する者は左遷《させん》される。当たり前のことだ。トップの経営方針の適否について判断を下すのは従業員ではない。マーケットである。全従業員が反対した事業でも、ＣＥＯが断行した結果、マーケットが好感して、売り上げが伸び、収益が増え、株価が上がるなら、それは「正しかった」ことになる。

大学でも同じロジックが適用された。行政の適否を判断する「マーケット」は日本社会では国政選挙であると考えられている。選挙で政権政党が多数を制したら、それはこれまでの教育政策が正しかったと「マーケット」が判断を下したと解釈される。だから、教育行政の長に忠誠を誓う学者が重用され、反対する学者は馘首《かくしゅ》されることに何の不思議もない。

そんなふうに株式会社のロジックに準拠して大学のあり方を考えることに慣れ切った教員たちが気がつけばすでにどこの大学でも過半数を超えた。過去四半世紀にわたって「大学の株式会社化」を推進してきたのである。それが奏功したのである。

だから、おそらく菅首相は、自分は会社の社長で、日本学術会議は別館の片隅に置かれた「社史編纂室」のようなものだと思いなしていたのだろうと思う。捨扶持《すてぶち》で養ってやっている日陰の部署とはいえ、こちらが給料を払って食わせているのである。そこにわざわざトップに逆らう人間を登用する必要はない。そう考えた。

官邸が見落としていたのは、学者は一方で、上位者に頤使《いし》されることに慣れ切っている組織人であると同時に、他方では、おのれの専門的職能に誇りを持つ独立性の高い職人でもあるという事実である。

組織人としての大学教員は一片の政令の前に黙って頭を垂れる。でも、職人は違う。職人としての学者は前近代的な徒弟制の中で育てられる。師の謦咳《けいがい》に接し、長い修業を通じて師の方法を学び、その学統を継ぐ。その点では武道家や刀鍛冶や能楽師と変わらない。

だから大学教員は、自分の大学の学長を非民主的な手続きで「上」の誰かが決めても、黙って受け入れるが、自分の職能団体のメンバーシップの査定に非専門家が口を出すことは許さない。素人が刀鍛冶の作品を査定したり、能楽師の芸に評点をつけたりすることが許されないのと同じである。

日本学術会議は学者の「ギルド」である。誰がギルドの「親方」に任用されるかを決めるのは職人たちの専管事項であって、採否の決定には職能以外の基準は適用されない。ところが、菅首相は職人たちに向かって、ギルド入会の基準として「官邸への忠誠度」を適用すると言い出したのである。

あり得ない要求である。

時の権力者にへつらう者が大学内で出世することを「当然のこと」として黙って受け入れてきた大学教員たちも、どの職人の「腕」が確かかを判定する権限を素人である政治家に委ねることは決してしない。そんなことを受け入れたらもう学問は終わりだからである。

それは彼らの「矜持」の問題であるという以上に、おのれの職業の存在理由を、自分たちが刻苦勉励してきたことの意味を否定することに等しいからだ。それゆえ、「職人としての学者」はこの件については一歩も譲るわけにはゆかない。

今回の日本学術会議の問題でも一四〇〇にのぼる学会がかなり烈しい言葉で抗議声明を発した。だが、大学として公式に抗議声明を出したところは一つもない（抗議声明の主体はいずれも「有志の会」である）。その事実が、学者が「職人」としてふるまうときの毅然とした構えと、「大学人」として組織的にふるまうときの弱腰の対比をみごとに表していたと私は思う。

官邸に私から提言するのは、何の警戒心も持たずに始めてしまったこの「マウンティング」は失敗だった、だから、いさぎよく失敗を認めた方がいいということである。

日本学術会議の新会員については原案通りに任命をして、一件落着を図った方がよい。その方が傷が浅くて済む。いくら無理押ししても、これから後も学者たちから譲歩を引き出すことはできないと思う。もう一度繰り返すけれど、恫喝や利益誘導は「大学人」相手には有効だけれど、「学者」相手には利かない。

（二〇二一年一月二一日）

半分諦めて生きる

「半分諦めて生きる」という不思議なお題を頂いた。「あるがままの自己を肯定し、受け入れるためには、上手に諦めることも必要なのでは。閉塞感漂う現代社会でどう生きていけばいいのか」という寄稿依頼の趣旨が付されていた。

『児童心理』という媒体からのご依頼であるから、不適切な（過大な）自己評価をしている子どもたちの自己評価を下方修正させることの効用と、そのための実践的な手順についてのお訊ねなのであろうと思った。

　なぜ私にそのような原稿発注があったかというと、ずいぶん前に学校教育について論じた中で、「教師のたいせつな仕事の一つは子どもたちの過大な自己評価を適正なレベルにまで下方修正することにある」と書いたことがあるからである。これはたしかにほんとうの話で、「宇宙飛行士になる」とか「アイドルになる」とか「サッカー選手になる」とかいうことを「将来の夢」として小学生が卒業文集に書く分には可憐だが、二〇歳過ぎて仕事もしないで家でごろごろしている人間が語るとあまりかわいげがない。そういう人はどこかで「進路修正」のタイミングを失したのである。むろん、そういう人の中にも一〇万人にひとりくらいの割合で、それからほんとうにNASAに就職したり、グラミー賞を受賞したり、セリエAにスカウトされたりする人も出てくることがあるので、あまり断定的には言えないが、そういう「起死回生の逆転劇」を演じられるような大ぶりな若者は年寄りの説教など端《はな》から耳を貸さないので、こちらがみがみ言ったくらいで「大輪と咲くはずだった才能が開花せずに終わった」というような悲劇は起きないから、いささかも懸念するには及ばないのである。

　というようなことを書いたかに記憶している。その意見は今も変わらない。

　才能というのはまわりの人間がその開花を妨害しようとすればつぶせるようなやわなものではない。むしろ「自分をつぶしにかかっている」という現実そのものを滋養にして開花するのである。説教一つでつぶれてしまうような才能は「才能」とは呼ばれない。

　真にイノベーティブな才能は、その人の出現によって、それまで「旧いシステム」に寄食していた何千人か何万人かの面目を丸つぶれにしたり、失業に追いやってしまうものである。だから、その出現が既得権益者によって妨害されるのは当然のことなのである。

万人がその出現を諸手を挙げて歓迎する才能などというものはこの世に存在しない。

かつて白川静は孔子を評してこう書いたことがある。

「孔子の世系についての『史記』などにしるす物語はすべて虚構である。孔子はおそらく、名もない巫女の子として、早くに孤児となり、卑賤のうちに成長したのであろう。そしてそのことが、人間についてはじめて深い凝視を寄せたこの偉大な哲人を生み出したのであろう。思想は富貴の身分から生まれるものではない」（白川静、『孔子伝』、中公文庫、二〇〇三年、二六頁）

思想は富貴の身分から生まれるものではない。これは白川静がその実存を賭けて書いた一行である。

「富貴の身分」というのはこの世の中の仕組みにスマートに適応して、しかるべき権力や財貨や威信や人望を得て、今あるままの世界の中で愉快に暮らしていける人のことである。「富貴の人」はこの世界の仕組みについて根源的な考察をする必要を感じない（健康な人間が自分の循環器系や内分泌系の仕組みに興味を持たないのと同じである）。「人間いかに生きるべきか」というような問いを自分に向けることもない（彼ら自身がすでに成功者であるのに、どこに自己陶治《とうや》のロールモデルを探す必要があるだろう）。

富貴の人は根源的になることがない。

やり方を知らないし、必要もない。そういう人間から思想が生まれることはないと白川静先生は言ったのである。

同じようなことを鈴木大拙も書いていた。『日本的霊性』において、平安時代に宗教はなく、それは鎌倉時代に人が「大地の霊」に触れたときに始まったという理説を基礎づける中で大拙はこう書いている。

「享楽主義が現実に肯定される世界には、宗教はない。万葉時代は、まだ幼稚な原始性のままだから、宗教は育たぬ。平安時代に入りては、日本人もいくらか考えてよさそうなものであったが、都の文化教育者はあまりに現世的であった。外からの刺激がないから、反省の機会はない。(……)宗教は現世利益の祈りからは生まれぬ。」(鈴木大拙、『日本的霊性』、岩波文庫、一九七二年、四一―四二頁、強調は内田)

白川静が「思想」と呼んでいるものと、鈴木大拙が「宗教」と呼んでいるものは、呼び方は違うが中身は変わらない。世界のありようを根源的にとらえ、人間たちに生き方を指南し、さらに一人ひとりの生きる力を賦活する、そのような言葉を語りうることである。

思想であれ宗教であれ、あるいは学術であれ芸術であれ、語るに足るものは「富貴の身分」や「享楽主義」や「現世利益」からは生まれない。ふたりの老賢人はそう教えている。

これが話の前提である。

私が問題にしているのは「真の才能」である。なぜ、私が「自己評価の下方修正」についての原稿をまず「真の才能とは何か?」という問いから始めたかというと、「真の才能」を一方の極に措定しておかないと、「才能」についての話は始まらないからである。というのは、私たちがふだん日常生活の中でうるさく論じ、その成功や失敗について気に病んでいるのは、はっきり言って「どうでもいい才能」のことだからである。

「富貴」をもたらし、「享楽主義」や「現世利益」と相性がよいのは「どうでもいい才能」である。それは思想とも宗教とも関係がない。そんなものは「あっても、なくても、どうでもいい」と私は思う。

ところが現代人は、まさにその「あっても、なくても、どうでもいい才能」の多寡をあげつらい、格付けに勤しみ、優劣勝敗巧拙をうるさく言挙げする。

今の世の中で「才能」と呼ばれているものは、一言で言ってしまえば「この世界のシステムを熟知し、それを巧みに活用することで自己利益を増大させる能力」のことである。だから、「才能ある人」たちはこの世の中の仕組みを理解し、その知識を利用して、「いい思い」をしている。

彼らは、なぜこの世の中はこのような構造になっているのか、どのような与件によってこの構造はかたちづくられ、どのような条件が失われたときに瓦解するのかといったことには知的資源を用いない。この世の中の今の仕組みが崩れるというのは、「富貴の人」にとっては「最も考えたくないこと」だからである。

考えたくないことは、考えない。フランス革命の前の王侯たちはそうだったし、ソ連崩壊前のノーメンクラトゥーラもそうだった。そして、「考えたくないことは考えない」でいるうちに、しばしば最も考えたくないことが起き、それについて何の備えもしていなかった人たちは崩れ落ちる大《だい》伽藍《がらん》とともに大地の裂け目に呑み込まれて行った。

この世のシステムはいずれ崩壊する。これは約束してもいい。いつ、どういうかたちで崩壊するのかはわからない。でも、必ず崩壊する。歴史を振り返る限り、これに例外はない。二五〇年間続いた徳川幕府も崩壊したし、世界の五大国に列した大日本帝国も崩壊した。戦後日本の政体もいずれ崩壊する。それがいつ、どういうかたちで起きるのかは予測できないが。

私たちが「真の才能」を重んじるのは、それだけが「そういう時」に備えているからである。「真の才能」だけが「そういう時」に、どこに踏みとどまればいいのか、何にしがみつけばいいのか、どこに向かって走ればいいのか、それを指示できる。「真の才能」はつねに世界のありようを根源的なところからとらえる訓練をしてきたからだ。

問題はすべてが崩れることではない。すべてが崩れるように見えるカオス的状況においても局所的には秩序が残ることである。「真の才能」はそれを感知できる。

カオスにおいても秩序は均質的に崩れるわけではない。崩れ切ってしまう部分と、局所的に秩序が生き延びる場が混在する。秩序と混乱が混在するからカオスなのである。すべてが均質的に壊れる状態、例えば、地球上の全員が一瞬で死んでしまうような破局（いきなり彗星が激突するとか）は「カオス」とは呼ばれない。「無」である。

混沌と無は別物である。カオスにおいては、秩序と混乱が混在する。

そして、それなしでは人間が集団的に生きてゆくことができない制度はどんな場合でも残る。あるいは瓦礫の中から真っ先に再生する。

どれほど悲惨な難民キャンプでも、そこに暮らす人々の争いを鎮めるための司法機関と、傷つき病んだ人を受け容れるための医療機関と、子どもたちを成熟に導くための教育機関と、死者を悼み、神仏の加護と慈悲を祈るための霊的な場だけは残る。そこが人間性の最後の砦だからである。それが失われたらもう人間は集団的には生きてゆけない。

司法と医療と教育と宗教。この四つの制度の働きを動詞で言い換えると、「裁く」と「癒す」と「学ぶ」と「祈る」ということになる。この四つの根源的な動詞が言い表す営みが集団が集団として存続するための必須のものなのである。それを担うためにはどんな集団であっても、そこに一定数の「大人」が存在しなければならない。

別に成員の全員が「大人」である必要はない。せめて一割程度の人間が、どのようなカオス的状況にあっても、この四つの根源的な仕事がなければならないということを知っているならば、システムが瓦解した後でも、カオスの大海に島のように浮かぶその「条理の通る場」を足がかりにして、私たちはまた新しいシステムを作り上げることができる。

私はそんなふうに考えている。

自分の将来について考えるときに、「死ぬまで、この社会は今あるような社会のままだろう」ということを不可疑の前提として、このシステムの中で「費用対効果のよい生き方」を探す子どもたちと、「いつか、この社会は予測もつかないようなかたちで破局を迎えるのではあるまいか」という漠然とした不安に囚われ、その日に備えておかなければならないと考える子どもたちがいる。「平時対応」モードの子どもたちと「非常時対応」モードの子どもたちと言い換えてもいい。

実は、彼らはそれぞれのモードに従って何かを諦めている。

「平時対応」を選んだ子どもたちは、「もしもの時」に自分が営々として築いてきたもの、地位や名誉や財貨や文化資本が「紙くず」になるリスクを負っている。「非常時対応」の子どもたちは、「もしもの時」に備えるために、今のシステムで人々がありがたがっている諸々の価値の追求を断念している。どのような破局的場面でも揺るがぬような確かな思想的背骨を求めつつ同時に「富貴」であることはできないからである。

人間は何かを諦めなければならない。これに例外はない。自分が平時向きの人間であるか、非常時向きの人間であるかを私たちは自己決定することができない。それは生得的な傾向として私たちの身体に刻みつけられているからである。

それが言うところの「あるがままの自己」である。

だから、「あるがままの自己」を受け入れるということは、「システムが順調に機能しているときは羽振りがよいが、カオスには対応できない」という無能の様態を選ぶか、「破局的状況で生き延びる力はあるが、システムが順調に機能している時はぱっとしない」という無能の様態を選ぶかの二者択一をなすということである。どちらかを取れば、どちらかを諦めなければならない。

以上は一般論である。そして、より現実的な問題は今私たちがいるのが「閉塞感漂う現代社会」の中だということである。閉塞感というのは、システムがすでに順調に機能しなくなり始めていることの徴候である。

制度が、立ち上がったときの鮮度を失い、劣化し、あちこちで崩れ始めているとき、私たちは閉塞感を覚える。そこにはもういきいきとしたものが感じられないからだ。壁の隙間から腐臭が漂い、みずみずしいエネルギーが流れているはずの器官が硬直して、もろもろの制度がすでに可塑性や流動性を失っている。今の日本はそうなっている。それは上から下までみんな感じている。システムの受益者たちでさえ、このシステムを延命させることにしだいに苦痛を覚え始めている。

一番スマートな人たちは、そろそろ店を畳んで、溜め込んだ個人資産を無傷で持ち出して、「日本ではないところ」に逃げる用意を始めている。シンガポールや香港に租税回避したり、子どもたちを中学から海外の学校に送り出そうとしたり、日本語より英語ができることをありがたがったりするのは、「逃げ支度」の一つの徴候である。

彼らはシステムが瓦解する場には居合わせたくないのである。破局的な事態が訪れた後、損壊を免れたわずかばかりの資源と手元に残っただけの道具を使って、瓦礫から「新しい社会」を再建するというような面倒な仕事を彼らは引き受ける気がない。

だから、私たちがこの先頼りにできるのは、今のところあまりスマートには見えないけれど、いずれ「ひどいこと」が起きたときに、どこにも逃げず、ここに踏みとどまって、ささやかだが、それなりに条理の通った、手触りの優しい場、人間が共同的に生きることのできる場所を手作りしてくれる人々だということになる。

いずれそのような重大な責務を担うことになる子どもたちは、たぶん今の学校教育の場ではあまり「ぱっとしない」のだろうと思う。「これを勉強するといいことがある」というタイプの利益誘導にさっぱり反応せず、「グローバル人材育成」戦略にも乗らず、「英語ができる日本人」にもなりたがる様子もなく、遠い眼をして物思いに耽っている。彼らはたしかに何かを「諦めている」のだが、それは地平線の遠くに「どんなことがあっても、諦めてはいけないもの」を望見しているからである。たぶんそうだと思う。

（二〇一四年五月一四日）

強者のための制度

劇団態変を主宰している金満里《キムマンリ》さんが「ＩＭＡＪＵ」という刊行物を出している。そのＡＬＳの特集号（二〇二〇年冬号）が送られてきて、感想を求められたので、金さんに次のような文章を書いて送った。

ＡＬＳ（筋萎縮性側索硬化症）という病気について、私は二人の人しか知らない。ひとりは私が師と仰ぐ哲学者エマニュエル・レヴィナスが最も大きな影響を受けた哲学者フランツ・ローゼンツヴァイク。もうひとりは本誌所収のＡＬＳ患者の橋本操さんたちとの座談会に参加している甲谷匡賛さん。何年か前に、甲谷さんの暮らす京都の町屋を釈徹宗先生と「聖地巡礼部」でお訪ねしたことがあり、そのときに市井を自由に生きる甲谷さんの姿を見て、驚きを覚えたことがある。

ローゼンツヴァイクについてレヴィナスは『ふたつの世界のあいだで　フランツ・ローゼンツヴァイクの道』と題する長文の伝記を書いている。少し長くなるが引用する。

「彼は三四歳で進行性延髄麻痺を伴う筋無力症に侵されました。急激に死に至る恐るべき病でしたが、ローゼンツヴァイクは病を得てから八年間生き続けました。早い時期に全身不随となり、口もきけなくなりましたが、彼が意思を伝え、文字を書くことができるように、特別な器械が作られました。ほとんど感知できないほどのわずかな身の動き――彼の妻だけがそれを見わけることができました――によって文字を指示し、それによって彼は考えを伝えたのです。

彼がイェフダ・ハレヴィのヘブライ語詩の翻訳と、マルティン・ブーバーと協力しての聖書のドイツ語訳を企てたのはまさにこの病床においてでした。この時期に書かれた多くの著作はのちに一巻にまとめられました」（エマニュエル・レヴィナス、『困難な自由』）

ローゼンツヴァイクの家は「歓待の館」となった。外に出ることのできないローゼンツヴァイクのために多くの友人たちが彼の下を訪れ、死が訪れるまでの日々豊かな対話を繰り広げたのである。

　この文章を最初に読んだとき、私はまだ三〇代のはじめだった。自分がこのあと何年か先にこのような病気に罹ったとして、その病床において何か後世に残せるような仕事ができるだろうか、そもそも「仕事をする」という気持ちになるだろうかを考えて、ローゼンツヴァイクの精神力に圧倒された記憶がある。

　おそらくレヴィナス自身もこの文章を綴りながら、果たして自分はローゼンツヴァイクのように生きられるだろうか自らに問うたと思う。即答することはできなかったかもしれないが、それでもその問いをレヴィナス自身は生涯にわたって手離すことはなかったはずである。

　ローゼンツヴァイクの生きる力を支えたのはユダヤ教への深い信仰と新しい哲学をかたちにしなければならないという熱烈な使命感だった。私にはどちらもない。それでも、ＡＬＳを罹患したあとに、残されたわずかな身体資源を最大限に生かして、なにごとか後世に「よきもの」を残すことができた人間がいたという事実は私をずいぶん勇気づけた。

　だから、釈先生から甲谷さんの町屋を訪れると聞いたときにも、「ああ、日本にもローゼンツヴァイクみたいな人がいるのだ」と思った。そういう「先人」がいて、われわれに範を示してくれるのかと思った。訪れてみると、甲谷さんはなんだかずいぶんリラックスしているように見えた。別に「余人を以ては代え難い歴史的責務」を果たすために生きようとしているようではなかった。もっと、ふつうに、こう言ってよければ日常生活として淡々とＡＬＳを生きていた。

なるほど、ＡＬＳだからと言って別に誰もがフランツ・ローゼンツヴァイクみたいに生きなくてはならないということはないのだというごくごく当たり前のことに気づいて、なんだかずいぶんほっとした覚えがある。甲谷さんを見て「ほっとした」という人はあまりいないのではないかと思うけれど、私はずいぶん救われた気分で彼の町屋をあとにしたことを覚えている。

「ＩＭＡＪＵ」の座談会では甲谷さんは発言していないが、橋本操さんがたくさん発言している。橋本さんは三二歳で発症して、七年後に人工呼吸器装着になった。それから介護システムを自分で工夫されて、介護派遣事業を興して経済的自立を果たし、在宅人工呼吸法を確立し、「世界を飛び回って活動し」て、二〇〇六年にＡＬＳ／ＭＮＤ国際同盟会議「人道賞」を患者としてはじめて受賞したという驚嘆すべき人である。

　橋本さんの発言も「口文字版」と呼ばれる介護者とのやりとりで行われる。一音ずつ介護者が五〇音表から拾い上げ、それをつなげて語を作り、語をつなげて文を作るという。おそらくローゼンツヴァイクがしたのと同じやりかただと思う。驚くべきなのは、この座談会で話題を牽引し、問題を新しいフェーズに転換する発言の多くが橋本さんのものであることだ。活字になった座談会の記録を読む限りでは、その一音ずつ拾う作業に要する「間」は可視化されない。むしろテンポよく言葉が行き交っているような印象を読むと受ける。おそらく実際にもその「間」は黙って文の形成を待っている人たちにとっては熟慮のための豊かな時間だっただろうと思う。

　私たちの社会は今コロナ禍のうちにある。その中で自粛や行動の規制にいらだつ人たちの中には

「コロナなんかただの風邪だ」という主張を今も続けている人たちがいる。

彼らの多くはたぶん罹患しても軽症で済むほどに自分は健康であり、自分が健康であるのは自己努力の成果だと信じているのだろう。ウイルスに感染して重症化したり、死んだりする人間は、健康であるための努力が足りなかったからそうなったのだ、と。病になるのは自己責任だ。基礎疾患のある人間や高齢者が若者より先に死ぬのは宿命だ。結果的に、「ほんとうに健康で強いもの」だけが生き残るのだとしたら、それこそがフェアネスというものではないのか、と。そういう優生思想を口にしないまでも、胸に秘めている人が私の予想よりもはるかに多いことを感染が広がってから知った。

そういう人たちはたぶん自分自身がＡＬＳに罹患したら……というような可能性については一度も想像したことがないだろうと思う。不治の病の病床からいかなる「よきこと」を人々に贈ることができるかということはたぶん生まれてから一度も考えたことがなかったのだろう。

問題は、自分の「健康」は自己努力の成果だと信じている人たちがこの世の中では指導的地位を占める傾向にあるということである。強く、健康で、それを自己努力の成果だと誇っている人たちが世の中のかたちを決めている以上、この社会が「強者ベース」に制度設計されることは避けがたい。私はそれがこの社会をとても息苦しく、生きにくいものにしていると思う。

Ｊ・Ｓ・ミルはその『自由論』で市民革命を経由して自由を手に入れたら、それまで考えたこともない困難に遭遇したという話を書いている。

王政や貴族制の時代において、支配者と民衆の利害はおおかたが相反した。だから、人民は「どうやって支配者の権力を制限するか」だけ考えていればよかった。しかし、市民革命を通じて、いざ民主制を市民が打ち立てた後、話がややこしくなった。

民主制であるから、理論上は人民の代表が社会を支配している。だから、支配者の利害と意志は国民の意志と利害と一致するはずである。政府の権力は「集中化され行使しやすい形にされた国民自身の権力にほかならない」と見なされた。

ところがそうではなかった。実際に市民革命を行って、民主制を実現してしまってわかったことは「権力を行使する民衆は、権力を行使される民衆と必ずしも同一ではない」ということだった。「民衆の意志」と呼ばれているものは「実際には、民衆の中で最も活動的な部分の意志、すなわち自分たちを多数者として認めさせることに成功した人々の意志」だったからである。「民衆による民衆の支配」という、それまで誰も予想していなかったことが起きた。さて、それではこの後いかにして民主制の名において、民衆による民衆の抑圧を制御したらよいのか？　社会が個人に対して行使してよい権力の性質と限界はいかなるものか？

これが二世紀ほど前にミルによって立てられ、今に至るまで決定的な答えを見出すことができずにいる自由をめぐる最大の論件である。

自由と同じことを健常についても考えてしまう。

私たちの社会は身分制社会ではない。人々は平等のものとして扱われる。それはよいことである。

だが、そこにピットフォールがある。

もしすべての人が平等に生まれついているのだとしたら、それ以後の自己努力によって格差が生じたとしても、それは認めなければならない。努力したものが報われ、努力しなかったものは報われない、それが社会的なフェアネスである。そういう考え方を採用するならば、「最も活動的」であり、「自分たちを多数派であると認めさせることに成功した」人たちが、この社会の標準を制定することには誰も異議を唱えることができなくなる。

私たちの社会では最も活動的である人たちが社会のルールを制定する。強者がルールを制定する。だから、この社会のルールは、放置しておけば「強者がますます強くなり、弱者はますます弱くなる」ようになる。

どこかでそれを抑制しなければならない。

でも社会的弱者にはそんな力がない。だから、この仕事は強者に負担してもらうしかない。彼らのうちの何人かでもいいから、「私はいまは健康だけれど、いつ病を得たり、障害を負ったりするか、先のことはわからない。だから、そんなときも自尊感情を傷つけられることなく、快適に生きられる社会環境を整備しておくべきだ」という考え方をしてもらうしかない。

この問題のピットフォールは社会制度を変えなければならないのだが、社会制度を変えることができる人は強者なので、弱者の気持ちがわからないというループ構造にある。

とりあえずは不治の病の床から発信する人の言葉に耳を傾けようという人がひとり増えれば、その分だけこの世の中は風通しがよくなると思う。
それを忍耐づよく待つしかあるまい。

（二〇二一年一月二八日）

あとがき

最後までお読みくださって、ありがとうございます。

今この「あとがき」を書いているのは二〇二一年の四月の終わりです。日本列島は新型コロナウイルスの感染拡大の「第四波」の渦中にあり、いくつかの都道府県が三回目の緊急事態宣言下に逼塞しています。僕の主宰する凱風館もしばらく前から人数が多い合気道の稽古は休止しております。

こんなことがいつまで続くのか、予測が立ちません。新型コロナについては、なんとか来年までにはワクチン接種が終わって日常生活が戻ってくると思いますが、人獣共通感染症のアウトブレイクは二一世紀にはいって、これでもう四回目です。これまで人間と接触する機会のなかった野生獣の生活圏に人間が入り込んだことによってウイルスが変異を遂げて人間に感染する疾病ですから、人類が自然環境の破壊を続ける限り、これからも数年おきに感染症のアウトブレイクは繰り返されることになるでしょう。今回のウイルスよりもさらに毒性や感染力の強いウイルスに人類が罹患するリスクは高いと思います。僕たちは「そういう世界」を選んだということです。

本書では「敵」というのは、人間の心身のパフォーマンスを低下させるリスクのあるすべてのものだということを論じてきました。それを一つひとつ無害化してゆくことが「天下無敵」への道であり、武道家はその道を歩むというのが僕の考えであることはこの本に書いた通りです。ですから、適切な感染症対策を採るということは、武道家にとって当然の仕事です。同じように、適切な感染症対策を実施できるような能力と見識をそなえた政治家を為政者に選ぶというのも、武道家の仕事のうちだと僕は思います。

ときどき「アスリートは政治に口を出すな」とか「アーティストは政治に口を出すな」というような無体なことを言う人がいますけれど、さすがに「武道家は政治について口を出すな」という言いがかりはされたことがありません。戦国時代には戦場での武勲をあげることが一国一城の主となるための捷径でした。集団を統治するために必要とされる知恵と技術は武道の修業を通じて体得されるということについての社会的合意が存在しなければ、そのようなキャリアパスはあり得なかったはずです。

現代においても「修身斉家」にとどまらず「治国平天下」を論じるのは武道家の本務の一つだと僕は思っています。本書では僕は心身能力の開発のことだけではなく、ひろく学校教育や社会システムについても論じていますけれど、そのあるべきかたちを考え、それに向けて実践することもまた武道家の本務だと思っているからです。

武道についての単著をこれからあとも出せるかどうか、自分の年齢を考えると確信がありません。あるいはこれが生涯最後の「武道論」になるかもしれません。本書を手に取ってくださったことを奇貨として、ひとりでも多くの読者が武道への理解を深めてくださることを祈念しております。

二〇二一年四月

内田　樹

内田　樹（うちだ・たつる）

１９５０年東京生まれ。東京大学文学部仏文科卒業。東京都立大学大学院博士課程中退。神戸女学院大学を２０１１年３月に退官、同大学名誉教授。専門はフランス現代思想、武道論、教育論、映画論など。著書に、『街場の現代思想』（文春文庫）、『サル化する世界』（文藝春秋）、『私家版・ユダヤ文化論』（文春新書・第６回小林秀雄賞受賞）、『日本辺境論』（新潮新書・２０１０年新書大賞受賞）、『街場の教育論』『増補版　街場の中国論』『街場の文体論』『街場の戦争論』（以上、ミシマ社）など多数。第３回伊丹十三賞受賞。現在、神戸市で武道と哲学のための学塾「凱風館」を主宰している。

企画構成　青文舎（西垣成雄）
編集協力　宮崎守正　阿部　哲

武道論　これからの心身の構え

2021年7月20日　初版印刷
2021年7月30日　初版発行

著　者　内田　樹
装　丁　若菜　啓
発行者　小野寺優
発行所　株式会社河出書房新社
〒151-0051
東京都渋谷区千駄ヶ谷2-32-2
電話　03-3404-1201（営業）
03-3404-8611（編集）
https://www.kawade.co.jp/

組　版　株式会社キャップス
印　刷　株式会社暁印刷
製　本　株式会社暁印刷

Printed in Japan
ISBN 978-4-309-02975-7